T0262639

LA MUJER
de mis sueños

LUZ MARÍA DORIA

LA MUJER
de mis sueños

AGUILAR

La mujer de mis sueños

Primera edición: agosto de 2016
Sexta impresión: noviembre de 2019

© 2016, Luz María Doria

© 2018, Penguin Random House Grupo Editorial USA, LLC.
8950 SW 74th Court, Suite 2010
Miami, FL 33156

Diseño de cubierta e interiores: Víctor Blanco
Fotos de la autora: Gio Alma
Peinado y maquillaje: Makeup by Franz
Foto de Jorge Ramos: Aníbal Mestre

Queda rigurosamente prohibida, sin autorización escrita de los
titulares del *copyright*, bajo las sanciones establecidas por las
leyes, la reproducción total o parcial de esta obra por cualquier
medio o procedimiento, comprendidos la reprografía, el
tratamiento informático, así como la distribución de ejemplares
de la misma mediante alquiler o préstamo públicos.

ISBN: 978-1-941999-86-8

Impreso en Colombia - *Printed in* Colombia

A LAS MUJERES
QUE ME ENSEÑARON A SOÑAR:
Mamá Tina, Mami, Tatati y Dominique

Y A LOS HOMBRES
QUE HAN APOYADO MIS SUEÑOS:
Papá Ernesto, Papi y Bebo

ÍNDICE

LA MUJER *de mis sueños*

PRÓLOGO

CÉSAR LOZANO

Siempre he creído que empezamos a envejecer prematuramente cuando permitimos que ocurran dos cosas en nuestra vida. La primera, dejar de asombrarnos por cosas que creemos simples o insignificantes, que muchas veces son las más importantes y trascendentes. Y la segunda, cuando dejamos de reír.

La vida me sigue sorprendiendo. Me asombra que se me presente un reto que nunca imaginé: escribir el prólogo del libro de una mujer con una capacidad extraordinaria para compartir su ser y su saber a través de las palabras y, además, con un maravilloso sentido del humor. Para superar tan importante reto, he decidido que sean mis sentimientos, y no la técnica, los que me ayuden a expresar lo gratificante que fue para mí la lectura de este libro, *La mujer de mis sueños*, de mi querida Luz María Doria.

Un título a partir del cual se podría pensar que se trata de un libro solo para las mujeres. Sin embargo, no me cabe duda de que los relatos y las anécdotas de vida de la autora y de personajes significativos para ella, van a deleitar tanto a hombres como a mujeres. Estas historias dejan grandes enseñanzas que pueden ser aplicadas por cualquiera que crea que los sueños sí se cumplen.

Luz María abre su corazón y echa por la borda la frase considerada por muchos como un dogma o un acuerdo que puede ser terrible: infancia es destino. No siempre para los que tuvimos una infancia difícil, con limitaciones de algún tipo, el destino va a ser igual. El destino se va forjando con los pensamientos, actitudes, palabras y decisiones que tomamos día tras día, incluyendo los retos que se van venciendo gracias a la voluntad y a la disciplina constante. Aunque muchos lo crean, yo siempre dudé de la veracidad de dicho acuerdo, y más ahora que veo la gran similitud entre mi vida y la de Luz María Doria.

Nadie creería que una niña que se autodenominaba tímida, feíta, con una vergüenza tremenda para entablar una conversación o para hacer amigos, se iba a convertir en responsable de revistas internacionales de gran prestigio y productora ejecutiva del programa de televisión hispano de las mañanas de más audiencia en Estados Unidos.

La protagonista de esta increíble y motivadora historia es la misma Luz María que nació en Cartagena, Colombia, y que a pesar de su timidez y sus miedos soñaba con volar muy alto y ser una mujer exitosa.

Mi primer encuentro con la autora fue hace algunos años en el programa de televisión *Despierta América*, que actualmente produce para la cadena internacional Univision. Cuando entró a la sala donde me encontraba, antes de la participación que tendría en un segmento del programa, nunca imaginé que fuera la pieza clave del engranaje que mueve un programa de tal magnitud. Su sonrisa cálida y su lenguaje corporal relajado (difícil de creer en quien en esos momentos trae a cuestas una transmisión en vivo), me hizo sentir en confianza. Cero poses, cero acelere —bueno, en ese momento—, una charla amena, divertida y constructiva sobre el tema que iba a exponer, siempre dejando claro qué esperaba de mí y la reacción que deseaba en la gente que nos veía. Nunca imaginé entonces el bagaje de historias que esta bella mujer traía consigo para llegar hasta donde ahora se encuentra.

Estoy seguro de que cuando inicies la lectura de este libro que tienes en tus manos será prácticamente imposible dejar de leerlo ya que te conviertes en cómplice silencioso de los deseos, anhelos, motivaciones, temores y retos que Luz María enfrentó para convertirse, sin haberlo planeado o deseado, en una de las 25 mujeres más poderosas, según la revista *People en español*.

Ella nos recuerda que subir a la cima del éxito no es una tarea individual; los mentores, la familia y los amigos juegan un papel fundamental, y entre esas personas que influyeron positivamente en su vida hay algunas a quienes considera verdaderos ángeles que Dios permitió que encontrara en su camino para aprender lo más posible de ellos.

Disfrutarás los testimonios tanto de famosos como de héroes anónimos para algunos de nosotros que influyeron tremendamente en los aciertos y en la corrección de errores que ella misma acepta con humildad.

Albert Einstein dijo que hay dos maneras de vivir tu vida: como si nada fuera un milagro o como si todo fuera un milagro. Al terminar la lectura de este libro afirmo con más fuerza que los milagros suceden en quienes están dispuestos a vivirlos, en quienes los esperan con fe. Las "dioscidencias", no coincidencias, se presentan frecuentemente en quienes hacen su trabajo con amor, dedicación, entrega, convirtiendo lo simple en algo extraordinario.

Querida Luzma: me quedo con tus vivencias, me grabo en lo más profundo de mi ser los consejos que te dieron tus padres, con la sonrisa constante y las historias de tu adorada nana y de tanta gente de éxito que Dios permitió que se cruzara en tu vida y de quienes decidiste aprovechar lo mejor.

Gracias por compartir un libro lleno de sentimiento, de conceptos prácticos, sin rebuscamientos ni complicaciones, para aplicarlos desde el mismo momento en que se leen, incluyendo esas magistrales frases llegadoras, mucho más que *matonas*, que compartes y deseas que todo mundo suba a sus redes con esa bondad que te caracteriza. Gracias por concederme el gran honor de escribir el prólogo de tan bello libro.

El cantautor Facundo Cabral dijo: "De la cuna a la tumba es una escuela, y a eso que le llamamos problemas no lo son; son lecciones".

Hoy, querida lectora o querido lector, tienes en tus manos un libro lleno de sabiduría y aprendizaje. De ti depende aplicarlos en tu vida, pero te quiero asegurar que, si aceptas estas lecciones, tu crecimiento personal y profesional será notablemente visible.

Gran razón guardan las palabras de Luzma: "Si no te pasan cosas que quieres que te pasen es porque en el fondo de tu corazón no las ves posibles".

Disfruta la lectura de este libro. Será digno de ser recomendado y se convertirá en uno de tus favoritos o, como es mi caso, en uno de tus libros de cabecera.

CÉSAR LOZANO

Conferencista internacional

Escritor, conductor de radio y televisión

PRÓLOGO
FERNÁN MARTÍNEZ MAHECHA

LUZMA, LA MATA DE LA CURIOSIDAD

Curiosidad es el don más importante que posee un periodista.

Luz María Doria Escobar —Luzma de aquí en adelante— es curiosa por encima de todas las cosas. Y eso la hace una gran periodista desde chiquita, aunque no haya sido chiquita nunca. Si la curiosidad mató al gato, la falta de curiosidad mató al periodista. (Puede *twitear* esta línea, igual yo también me la robé).

Curiosidad = Preguntas

1. ¿Por qué se mueve la Tierra alrededor del Sol?
2. ¿Qué es la muerte?
3. ¿Cómo hacen el amor las ballenas?
4. ¿Quién mató a Gaitán?
5. ¿Cuál es la playa más bella del mundo?
6. ¿Dónde botó Lorena el pene de su marido?
7. ¿Qué dice la carta del suicida?
8. ¿Qué le vio Jackie a Onassis?
9. ¿Por qué se divorcio Julio Iglesias de la Preysler?
10. ¿Hubo sexo entre Kate y el Chapo?

Las respuestas 6, 7, 8, 9 y 10 trastornan la curiosidad de Luzma.

Al buen periodista le interesa lo mismo que a la mayoría de la gente, aunque no sea consciente de ese interés.

Echarle un cuento a Luzma es a veces una tortura. Quiere saber todo el cuento completo con detalle de detalles. ¿Qué? ¿Cómo? ¿Cuándo? ¿Quién? ¿Por qué? Esas cinco manidas preguntas básicas del periodismo. Y les faltó ¿Cuánto?

Para Luzma, esas 6 preguntas son solamente el titular. Ella quiere saber también qué tenía puesto, qué respondió el otro, qué cara puso, qué hicieron los demás, si no te dio pena, quién era el más triste, qué dijo la otra, quién era el más alegre, si lloraba, quién llamó a la policía, qué cartera llevaba, cómo llegó el otro, quién pagó la cuenta.

Y así cuenta los cuentos Luzma, todas las conversaciones, sus largos argumentos para regalarle el primer auto a Dominique, su hija (que, en cuanto pudo, se fue de la casa para evitar tanta preguntadera), hasta sus viajes en avión, a los que les tiene pavor, y la razón por la que apenas hace cinco años fue que pudo ir a París a ver el puente donde murió Lady Di.

La misma insoportable preguntadera ha sido la marca de Luzma en los tantos y tan importantes consejos de redacción que ha dirigido por 30 años, desde que comenzó a trabajar a los 20 años de edad. Sí, sumó bien, ya tiene 50.

Luzma exige a los reporteros que se hagan preguntas básicas e inteligentes y les cuenten sus respuestas a sus lectores, oyentes o televidentes. Fácil.

Me recuerda al jefe de redacción del *Daily Planet*, el diario donde trabaja el reportero Clark Kent cuando no está de superhéroe con su traje azul, capa y calzoncillos rojos por fuera. "Busquen a Superman", les decía gritando el jefe a sus reporteros. "Quiero saber si es humano, si es frío o caliente, si su cuerpo es duro o blando, qué come, dónde nació, para quién trabaja".

Hay periodistas políticos. Periodistas judiciales. Periodistas locales. Periodistas internacionales. Periodistas científicos. Luzma no es ninguno de esos. Luzma es periodista *light*. Periodista de revistas, del último cuadernillo, de los programas matutinos, periodista de lo que se necesita más cada día: entretenimiento.

Celebridades y emociones son su materia prima.

Su curiosidad tiene mira telescópica para ubicar los pequeños grandes detalles de las vidas de los famosos. Un GPS para encontrar las emociones grandes de la gente sencilla.

"Soy de las que lloran cuando en *Sábado Gigante* se ganan el carro o cuando lo pierden", le oí decir una vez. Curiosidad más sensibilidad, una mezcla extraordinaria para captar tele-escucha-lectores.

Lo que la política es a Jorge Ramos, las celebridades son a Luzma. Personaje o personajillo que Luzma no conozca es porque no ha tenido más de 5 minutos o 20 líneas de fama.

En su lista de contactos tiene los nombres de todos los personajes latinos que le interesan a la gente o a ella, que son exactamente los mismos. Sofía Vergara todavía le sigue dando entrevistas, el papá de Selena le contesta el teléfono, la hija de Jenni Rivera le guarda secretos y Thalía le deja tocarla para saber si se sacó la última costilla.

A los 20 años, recién salidita de Barry University de Miami entró a trabajar en la forja de Cristina Saralegui como reportera de *TVyNovelas* y *Cosmopolitan* y desde ahí todo ha sido un cohete. Directora de *Cristina, la revista*, Directora de Entretenimiento de *TeleFutura* y ahora cabeza máxima de *Despierta América,* tiene que inventar contenido para 4 horas diarias, 20 horas semanales, 80 horas mensuales de televisión en la cadena Univision. Contenido ligero (que no quiere decir sin importancia), entrevistas, dramas, historias que interesen, que emocionen. La curiosidad convertida en minutos al aire. Circulación y *rating* siempre la han acompañado.

Luzma es la tímida que más fuerte habla del mundo. Es más, no habla, grita. Ese es su tono natural de voz. Solo habla en voz baja cuando se enoja. Tiene invertida la perilla del volumen. En los restaurantes pide el postre de primero. Para vestirse solo le pone cuidado —y dólares— a la cartera, los zapatos y el reloj, lo demás es taparse sin importarle la temporada ni la gama cromática.

Revistahólica. Cartagenuda. Mimada por su condición de nieta e hija única.

Jairo Doria, su papá, tenía mucho de Vadinho, el primero de los dos maridos de Doña Flor. Exuberante, generoso, bebedor de cantos decimeros que solo entienden en su Sabana Nueva, pasional y papi de hija.

Ofelia, su mamá, paisa, con las manos tan bellas como para hacer publicidad de anillos Cartier, no la ha dejado sola ni un instante. Ni en la luna de miel. Pero a Bebo, el santo marido ecuatoriano de Luzma, ingeniero mecánico de trenes y con mucho de Teodoro, el segundo marido de Doña Flor, no le estorba.

"Tengo un sueño americano", decía Luzma cuando no se podía levantar temprano para ir a la universidad a aprender lo que no le sirvió para nada, porque en las facultades de Periodismo no dictan clases para evitar frases comunes ni para aumentar la curiosidad.

Luzma está cargada con una munición interminable de respuestas rápidas y certeras.

Escribir bien es otra de las habilidades que debe tener un buen periodista, además de las obvias como objetividad, honestidad, criterio y brevedad, que también las tiene Luzma. En su @luzmadoria se notan esos destellos.

¿Que por qué estoy escribiendo este prólogo?

Porque conocí a Luzma sin haber cumplido 16 años —ella— y me leía cuando era director de la revista *Antena* —yo— y llegó al lobby del hotel Caribe de Cartagena a conocerme, acompañada de Jairo Doria, todo de blanco, la camisa abierta y abarcas tres puntá. Hace como 30 y pico de años, vestido de lino blanco pero con mocasines blancos esta vez, vino a Bogotá y se quedaron en el Hotel Bacatá madrugando al día siguiente para sacarle la visa a su Luzma, para que se fuera a Estados Unidos con Ofelia a escribir *La mujer de mis sueños*, este libro ejemplar y triunfal, que hoy feliz y orgulloso prologo. Ah, y porque la recomendé para su primer trabajo con Cristina y desde que la conozco se convirtió en mi hermana, mi cómplice, mi mejor amigo con tetas.

Y porque me causa mucha curiosidad su curiosidad.

FERNÁN MARTÍNEZ MAHECHA

Periodista, escritor y mánager

INTRODUCCIÓN

―――――――

"Si estás leyendo esta primera línea, tú has permitido que mi sueño se cumpla. Solo espero que cuando llegues a la última página yo te haya ayudado a cumplir el tuyo". ―LUZMA

Aquella madrugada del 6 de enero de 1982 me despertaron las notas de un mariachi. Venían con mi papá a darme una serenata de despedida porque ese día de Reyes, yo, la única hija de Jairo Doria, me iba a vivir a Estados Unidos. Ese día también iba a empezar a cumplirse el primer sueño que tuve en mi vida: ser periodista.

En medio de las notas del mariachi se colaron agolpados de pronto en mi cabeza soñolienta los 16 años de recuerdos en Cartagena. Y se me vino a la mente ese día en que mi papá (el mismo que ahora me cantaba llorando afuera una ranchera) me llevó al kínder por primera vez y me dijo muy serio:

"No te dejes joder nunca de nadie. Si algún niñito te molesta, tú, con este dedito, le sacas los ojos".

La dueña del colegio, Elvia, que era muy amiga suya, lo miró aterrada mientras me llevaba a clase halando mi mano y me bajaba disimuladamente el dedito asesino.

Yo, que fui muy obediente desde chiquita, supe desde ese día que nunca me dejaría joder de nadie... pero también supe que antes de obedecer había que analizar la orden y que yo nunca, a nadie, le sacaría los ojos.

Crecí recordando esa frase, y aunque siempre se me viene una sonrisa de complicidad cuando pienso en aquella recomendación, tengo que reconocer que a mi papá, que fue el ser más pacífico de esta tierra (sí, ya sé que es difícil de creer después de esta anécdota), se le fue la mano con esa indicación tan sanguinaria y drástica, solo justificable un poco porque yo siempre fui la niña de sus ojos.

Siempre fui una muchacha tímida y feíta. Me daba mucha vergüenza entablar una conversación, hacer nuevos amigos y hasta sacar la lonchera para comer en el colegio. Y prefería mojarme que andar con paraguas. Crecí calladita pero en mi mente iba escribiendo el discurso de mi vida. Eso sí, siempre, en privado, me encantaba inventar historias. Yo vivía para contarlas. Todo lo que pasaba a mi alrededor era un cuento. Un cuento que yo sazonaba, pulía, saboreaba, le agregaba personajes y cuando me montaba al bus del colegio, me esmeraba para contárselo a las dos únicas amigas con las que siempre compartía la banca del bus...

Desde que tenía 6 meses de nacida, tuve el privilegio de tener la nana más divertida y creativa del planeta. Se llamaba Magaly, pero yo le decía Tatati. Era humilde, buena, entretenida, noble y nunca, ni aunque estuviera viviendo el día más triste de su vida, le faltó una sonrisa.

Siempre me repetía que a la gente buena le pasaban cosas buenas.

Y yo le creía.

Tatati me enseñó a bailar vallenato y me decía mentiras piadosas; como que yo era *casi* una reina de belleza.

Y yo le creía a pesar del *casi*.

Tatati, que era negrita, me inventaba historias que yo escuchaba sin pestañear. Como que ella había sido una actriz blanca y rubia, llamada Eva, que un día se quemó de pies a cabeza cuando el avión en que viajaba sufrió un accidente. Y yo la miraba inocentemente de arriba abajo tratando de encontrar sin suerte algún rastro de Eva.

Yo me imagino que gracias a Tatati me convertí en la mejor "cuentera" del colegio. Con sus cuentos, ella disparaba mi creatividad. En esas historias que yo producía al lado de mis dos amigas en la banca del bus iban apareciendo todos mis sueños.

Pero esos sueños a veces se disipaban: ¿cómo iba a ser yo algún día periodista con lo penosa y tímida que era?

Me fui haciendo mujer allá en Cartagena, que es para mí la ciudad más bella del mundo. Pero Cartagena, lo confieso hoy públicamente por primera vez, siempre ejerció en mí una melancolía que no era normal. Hoy tengo que reconocer que nunca en mi vida he experimentado tanta tristeza sin motivo como la que sentía mi corazón los domingos cuando iba caminando por sus calles estrechas a misa de 6 a San Pedro Claver. Caminar por las calles de Cartagena siempre me daba una tristeza extraña, sin explicación. Cuando se iba ocultando el sol, a mí siempre me daba nostalgia. Me entraba siempre un letargo raro. De esos que Gabriel García Márquez sabía narrar con su magia y que yo siempre sentí como propio. Todavía hoy, toda una vida después, a eso de las 6 la tarde, donde esté, se me viene a la mente la bahía de Cartagena. Como si allí hubiera dejado algo... Como si algo volviera a mi memoria siempre a la hora del atardecer a recordarme que allí está un pedacito de mi corazón.

Crecí rodeada de mucho amor por ser nieta e hija única, y nunca se me quitó de la cabeza la idea de ser periodista.

La gran cómplice de mi sueño fue mi mamá.

Si mi papá era noble, soñador, llorón, loco y parrandero, mi mamá siempre ha sido la valiente, la emprendedora, la crítica más sincera. La que siempre me ha empujado a luchar por todos mis sueños. Tenerla a mi lado ha sido como vivir con una porrista propia a toda hora. Y aquí les va un mensaje a los padres y a los que van camino de serlo: el aplauso a nuestros sueños lo deberíamos recibir desde que empezamos a creerlos y a crearlos. Por muy locos y descabellados que sean esos sueños, saber que hay alguien que confía en ellos es la mejor gasolina para acelerar el proceso del éxito. Ese es el mejor regalo que les podemos dar a nuestros hijos.

Yo tuve siempre esa gasolina que impulsaba los míos. Aunque tengo que confesar que, a veces, en esos atardeceres melancólicos de Cartagena, me parecía que allí la vida era tan pero tan simple que rozaba disimuladamente el límite del aburrimiento.

Yo quería que mi vida se pareciera a lo que veía en las revistas. Que pudiera ser testigo del éxito. Yo quería conocer personas que cambiaran vidas. Yo quería salir de mi tierra para cumplir mis sueños y hacer soñar a los que no creían que podrían salir de allí. Yo quería conocer otros mundos y escribir sobre ellos. Pero, sobre todo, quería que todos supieran que los sueños se vuelven realidad cuando uno busca, sale, trabaja, se cae, se levanta y sigue insistiendo en conseguirlos. Que no los harás realidad si te quedas mirando hacia lo lejos por tu ventana.

Y esa fue precisamente la primera razón por la que escribí este libro. Tu pasado no tiene por qué determinar tu futuro. Si naciste en una choza, tienes mil oportunidades de llegar a un palacio. Lo único que necesitas son las ganas de cambiar tu destino y aplicar la astucia de reconocer las herramientas para hacerlo.

Necesitas luchar con uñas y dientes.

Yo crecí soñando con salir de mi país y trabajar en la editorial de revistas en español más importante de Estados Unidos.

Fue mi primer sueño cumplido.

Y te voy a contar cómo lo logré.

La mejor distracción que tuve en mi adolescencia era de papel. En mi casa no faltaban *Vanidades*, *Buenhogar* ni *Cosmopolitan*. En una de esas revistas descubrí a una periodista que se convertiría sin yo saberlo en mi gran mentora: Cristina Saralegui.

Cada vez que llegaba a Cartagena la revista *Cosmopolitan* en español, que en aquellos años era el manual de superación por excelencia de la mujer latinoamericana, yo corría a comprarla. Todavía me parece escuchar a El Capi, el dueño del puesto de revistas de la Calle Román, que al verme pasar con el uniforme del colegio, me gritaba:

"Amiga: ¡llegaron revistas nuevas!".

Y con ese grito yo sabía que la tarde se empezaba a componer. Me encerraba en mi cuarto a leer con todos mis sentidos el editorial "Nuestro Mundo Cosmo" que Cristina Saralegui escribía, y era como si me dieran licencia para soñar con todo lo que yo podría hacer posible. No sabes las veces que, muchos años después, en mi oficina de directora de *Cristina, la revista* en Miami, pensaba en El Capi y la alegría que le hubiera dado verme allí. Nunca más lo volví a ver. Y eso que lo busqué en mis viajes a Cartagena (ojalá haya podido ver en su puesto de revistas que su mejor clienta llegó a dirigir una de ellas).

Cristina escribía con mucha gracia cosas que me gustaban y que sentía que podía aplicar a mi vida. Hoy, más de 30 años después, estos mismos consejos siguen vigentes.

1. El órgano más importante de la mujer está entre las dos orejas y no entre las dos piernas. Se llama cerebro.
2. Siempre lucha por tus sueños.
3. Maneja bien tu tiempo: sácale brillo.
4. Visualiza lo que quieres en la vida y sé específico.
5. Invierte en una buena pareja. Él (o ella) será el socio de tus sueños.
6. Un trabajo es algo que sucede de 9 a 6. Una carrera es parte de tu vida.
7. Cree en ti mismo. Si tú no lo haces, nadie lo hará.
8. No pongas todos tus huevos en la misma canasta.
9. No le temas a los cambios. Pa' lante siempre. Pa' tras ni pa' coger impulso.
10. Ten siempre un plan; el que no tiene un plan lo que planea es fallar.

Esos fueron mis otros 10 mandamientos. Cristina se convirtió en mi mentora sin siquiera conocerme. Desde su revista empoderaba a las mujeres. En un tiempo donde no existían redes sociales para recordárnoslo, ella nos hacía sentir que sí se podía tener todo en la vida.

Hoy siento la necesidad de hacer con las nuevas generaciones lo que Cristina hizo conmigo. Estoy absolutamente convencida de que todos los seres humanos tenemos la obligación de ayudarnos a cumplir nuestras metas. Mi sueño es que este libro forme un club de mujeres y hombres invencibles y visibles. En este momento en que está de moda inspirar, motivar y dar consejos, yo te voy a mostrar, sin filtro, cómo es la radiografía real del éxito.

Todo el mundo te invita a soñar en grande, pero pocos te recuerdan que en ese camino habrá turbulencias. Yo te voy a contar lo que me ha ayudado a salir de las mías. Y cómo me quité de encima todo lo que me pesaba tanto que no me dejaba volar.

A lo largo de mis 30 años de carrera como directora de revistas y productora ejecutiva del programa de televisión matutino más visto en español en Estados Unidos, he entrevistado y observado de cerca el camino hacia la cima de muchas estrellas. De todos he aprendido una buena fórmula que voy a compartir contigo.

Soy jefa desde los 24 años. Y si me preguntas cuál es el mayor impedimento para lograr el éxito, te diría que el miedo. Durante toda mi carrera he visto gente talentosísima que no pasa de un mismo punto porque tiene miedo a triunfar. ¿Quién diría que el mayor enemigo que tenemos no solo es creado por nosotros mismos sino que lo ponemos a vivir cómodamente en nuestro cerebro para que nos destruya el destino?

Cualquiera que sea tu trabajo o tu profesión, debes imprimirle tu sello personal, buscar la manera de llegar a un mayor número de gente, darle ese toque creativo. En una frase: estar entrenado para innovar y perder el miedo a las reglas establecidas. En este libro te voy a contar lo que los grandes triunfadores que he conocido tienen en común. Lo que yo he aprendido trabajando en grandes empresas de comunicación, rodeada de mentes que han cambiado la historia de la TV en español en Estados Unidos.

Muchos años después, aún conservo la capacidad de sorprenderme y de emocionarme con el trabajo que realizo diariamente, y por eso vivo muy agradecida de que Dios me haya situado al lado de tantos seres humanos talentosos, y algunos muy generosos, que ya forman parte de la historia.

A lo largo de mi vida me ha tocado empezar muchos proyectos y darles respiración artificial a otros. Todo lo he hecho siempre con la misma ilusión y la misma fe en que el resultado sería positivo.

Detrás de mi primer sueño cumplido a los 20 años vinieron muchos más, incluyendo ser productora del show matutino en español más visto de Estados Unidos y escribir este libro. Sí, hoy puedo decir que aquella niñita temerosa, insegura y feíta de Cartagena logró convertirse en la mujer de sus sueños.

Aquí te voy a contar cómo lo logré y cómo tú también puedes lograr lo que quieras. El tamaño de nuestros sueños está en nuestro corazón y nadie tiene el poder de medirlos. Ni de juzgarlos.

Eso solo lo puedes hacer tú.

A lo largo de mi carrera, además de tener cerca a Cristina, he buscado inspiración en mujeres poderosas como Oprah Winfrey, Arianna Hufftington y Sheryl Sandberg. Este libro nace, precisamente, de la falta de mentores hispanos que existen hoy en día para las nuevas generaciones de profesionales. A lo largo de mi carrera he visto tanto talento no reconocido. Tantas mujeres con miedo a alzar la mano. Tantos profesionales valiosos que por timidez nunca se han hecho notar ni han tenido la suerte de que una persona poderosa los descubra. Yo quiero, con este libro, que tú aprendas cómo y cuándo se debe alzar la mano, cómo se deben combatir los miedos y qué hay que hacer bien para hacerse notar a pesar de la timidez.

La motivación está de moda y yo la practico, pero en las páginas que siguen te voy a contar además cómo se combina eso con el entrenamiento para ir formando profesionales brillantes, de modo que ese éxito no sea un testimonio ajeno sino algo que puedes vivir y contar en primera persona. Te diré también de dónde se sacan las fuerzas cuando uno cree que ya todo está perdido. Y quiero que antes de leer el primer capítulo te aprendas esta frase: "Hay una sola persona a la que siempre debes convencer primero de que eso que tanto deseas será posible. A ti".

Detrás de cada experiencia profesional que yo he vivido ha habido una estrategia, un plan. Escribiendo este libro he querido dejarte, a ti que empiezas, esa semilla, para que crezca en ti la necesidad de ser siempre el mejor; o a ti, que quizás piensas que ya te quedaste fuera del juego, la seguridad de que en la vida siempre se puede volver a empezar, porque también aprendí que el mayor fracaso se puede convertir en el mayor triunfo. Siempre he creído que las fórmulas que funcionan hay que compartirlas, y este libro que, repito, es uno de mis sueños realizados gracias a ti que lo estás leyendo, está lleno de ellas.

Quizás este libro caiga en tus manos en el momento en que no eres feliz con lo que haces y necesitas un cambio. Tal vez lo hayas abierto al azar buscando una respuesta a ese drama interno que vives, sabiendo lo que quieres ser pero sin tener idea de cómo conseguirlo. Yo quiero que este libro te quite el miedo a cruzar el espacio entre lo que estás viviendo ahora y el punto adonde quieres llegar.

Que ese miedo que hoy sientes se convierta en inspiración.

Quizás te pase lo mismo que a mí, que aprendí allá en Cartagena, leyendo a una periodista valiente y divertida, que el límite ya no era el cielo. Y así, nació la inmigrante que comenzó a convertirse en la mujer de sus sueños.

Quizás empieces a leer este libro con la sensación de estar perdida y sintiéndote una víctima.

Mi gran sueño hoy es que al terminarlo de leer te sientas invencible.

SÚBELO A LAS REDES

"Hay una sola persona a la que siempre debes convencer primero de que eso que tanto deseas será posible. A ti".

"El tamaño de nuestros sueños está en nuestro corazón y nadie tiene el poder de medirlos. Ni de juzgarlos. Eso solo lo puedes hacer tú".

"Quién diría que el mayor enemigo que tenemos no solo es creado por nosotros mismos sino que lo ponemos a vivir cómodamente en nuestro cerebro para que nos destruya el destino: el miedo".

"Por muy locos y descabellados que sean esos sueños, saber que hay alguien que confía en ellos es la mejor gasolina para acelerar el proceso del éxito".

"Tu mayor fracaso se puede convertir en tu mayor triunfo".

@luzmadoria

CAPÍTULO 1

EL PLAN DE VUELO (CON TURBULENCIA INCLUIDA)

"Sueña con todas tus fuerzas y acabarás convirtiéndote en eso que siempre has soñado", me dijo al oído Mamá Tina cuando nos despedimos aquella mañana en el aeropuerto de Cartagena.

Mamá Tina siempre fue la abuelita compinche y creativa que hace 40 años soñaba con estudiar computadoras, me preguntaba por qué no venderían tenis con tacones y me hacía el mejor café con leche frío para combatir el calor de Cartagena (lo siento mucho Converse y Starbucks, para mí ella fue la primera).

Mis tardes con Mamá Tina eran deliciosas. Me encantaba acostarme con ella a ver telenovelas y disfrutar mi show favorito: *Hechizada*.

Siempre quise ser como la brujita Samantha, mover la nariz y convertir las cosas en lo que yo quisiera. Confieso públicamente que a veces me encerraba en el baño a hacer la prueba: mirarme fijamente en el espejo, mover la punta de la nariz con ayuda del labio superior y empujarla hacia la derecha, luego a la izquierda, cerrar los ojos, concentrarme, pensar que al abrirlos iba a tener el pelo como Busty, mi mejor amiga desde kínder...

Pero nada.

El pelo estaba exactamente como antes de cerrar los ojos.

Samantha sabía hacer algo mejor que yo.

Salí de Cartagena hacia Miami con esa frase que me dijo Mamá Tina metida en mi corazón. Seis meses antes de cumplir los 17 años comencé una nueva vida en un país muy distinto al mío con gente con acentos que yo no conocía y que hasta usaba mis palabras con otro significado. "¡Tengo una arrechera!", me dijo una vez mi primera amiga en Estados Unidos, Elizabeth, una venezolana buena gente y generosa. "Nadie me quiere dar la cola".

Me quedé aterrada pensando en la libertad con que hablaba, según yo, de sexo. Y pensé en Mamá Tina, que me había advertido que tuviera cuidado porque "Luzmita, ese país es muy liberado".

En Colombia esa misma frase significaba que mi amiga tenía un gran deseo sexual y que no encontraba ya ustedes saben qué. Luego entendí que en Venezuela la cola es el "aventón" de México, el "chance" de Colombia y el *ride* de Estados Unidos. En buen español, lo que mi amiga tenía era rabia porque nadie la había podido llevar a su casa.

Cómo han cambiado las cosas. Hoy en día, los inmigrantes se enfrentan cada vez menos a estas anécdotas, ya que la internet ha unido nuestras costumbres sin tener que cruzar las fronteras.

Llegar a Estados Unidos con mi mamá fue toda una aventura. Salir todos los días de madrugada, aún con la luna brillando, y tomar tres buses para llegar a la universidad era en aquel momento todo un reto. Mi papá, siempre con sus sabios consejos, le había dicho a mi mamá:

"No le compres carro. Déjala que aprenda que la vida no es tan fácil. Si pasa la prueba, le gusta y se queda, entonces ya veremos".

Y ver que la señora que limpiaba en el edificio donde yo vivía tenía carro y yo tenía que agarrar seis buses, pronto me hizo entender que en Estados Unidos todo era posible. Los primeros seis meses me montaba muerta de sueño y a veces de frío en seis buses diarios, tres de ida y tres de vuelta, y cada recorrido era una historia con los mismos personajes incluidos: la bailarina exótica pechugona y con tatuaje que se bajaba siempre en el mismo bar; el viejito con sombrero, bastón y flor en la solapa que todas las tardes se subía en la misma parada de un centro de rehabilitación, me saludaba y me contaba con alegría los adelantos de su esposa, recluida en ese centro.

Todo era tan distinto a aquellos buses de Cartagena repletos de gente alegre que, sudando a chorros, tarareaban los vallenatos que transmitía la radio del chofer a todo volumen.

Aquí no se oía ni el zumbido de una mosca. Como si Dios quisiera que todos nos fuéramos en silencio construyendo nuestro propios sueños. Yo, la verdad, estaba disfrutando cada segundo porque desde aquel momento, a mis casi 17 años, me di cuenta de que siempre había que poner la mejor cara y, sobre todo, había que ser agradecida. Contar tus bendiciones cada día es la mejor manera de serlo. Y no me digas que no tienes nada que agradecer porque algo bueno te tiene que haber pasado en las últimas 24 horas.

Ya el hecho de estar con vida es un regalo.

Sin ser una niña rica, yo estaba estudiando en Estados Unidos y viviendo la vida que quería tener cuando estaba en Cartagena. Me encantaba estar en contacto con diferentes costumbres y nacionalidades. Gozaba con esa sensación de actualidad que me daba vivir en Miami. Además, sabía que no era buena idea quejarme ni por los seis buses, ni por el cambio de vida porque esa sería la excusa perfecta para que me devolvieran a mi casa.

Saber adaptarse a los cambios es una de las lecciones más grandes que cualquier profesional debe aprender. Hay que meterse en la cabeza desde que eres joven que cuando las circunstancias de tu vida cambian, no hay que quedarse trabado suspirando con nostalgia por el pasado, sino utilizar toda la energía positiva necesaria para construir tu futuro.

El futuro que tú quieras.

Y ese no se construye moviendo la nariz como la brujita Samantha.

Cuando estamos en la universidad, no nos imaginamos que lo que nos enseñan diariamente se aleja bastante de la realidad profesional que viviremos en nuestro trabajo. Hoy en día le aconsejo a cualquier estudiante que desde su primer año de carrera trate de hacer pasantías en empresas establecidas donde no solo puedan hacer contactos, sino también observar sin filtro la realidad de la profesión que escogieron. La mayoría de las grandes empresas ofrecen programas de pasantías con todo y salario. De esta manera, el estudiante agarra la cancha necesaria y al graduarse tomará la mejor decisión. Apunta este consejo: contacta a la oficina de Recursos Humanos de la empresa más importante que esté relacionada con tu carrera y solicita la oportunidad de hacer una pasantía allí.

Hace unos días le pregunté a una de las chicas que hizo su práctica en la empresa para la que trabajo cuál era la diferencia entre el día que había llegado y ese último día, y me contestó casi sin pensarlo: "La diferencia es que ya no tengo ninguna confusión en mi cabeza".

Te tengo noticias: es normal no tener una, lo normal es tener muchas confusiones en la cabeza.

Sin embargo, si de algo yo estaba segura mientras estudiaba en la universidad era que a mí me encantaba escribir.

Esa era mi fortaleza.

También sabía que mi debilidad era la timidez pero siempre confié en que debía combatirla preparándome.

Te confieso que yo le tenía pánico a hacer el ridículo.

Lo que más me interesaba del trabajo periodístico era hacer entrevistas y luego escribirlas. Soñaba con entrevistar a los grandes y que me contaran cómo habían conseguido el éxito. Me imaginaba que en mis entrevistas siempre habría algún dato que no le iban a decir a nadie y que yo iba a ser la primera en publicarlo. Yo sabía que algún día lo iba a lograr y que se me iba a quitar esa vergüenza enorme de romper el hielo.

Mi miedo a meter la pata cuando hablaba no era más que la inseguridad de no estar suficientemente preparada. Yo sabía que si iba a ser periodista tenía que estar bien informada, y si otros me ganaban con elocuencia, yo vencería con preparación.

Años más tarde confirmé que esa fórmula funciona y le agregué otra que nunca me ha fallado: todo lo que escribo y hago siempre debe ser dictado por mi corazón. Lo confieso: en mi vida he logrado unir mi cabeza con mi corazón, y hacerlos buenos amigos me ha dado casi siempre buen resultado.

Mientras estaba en la universidad yo estaba convencida de que sería reportera y por eso me atreví a ofrecer mis servicios como corresponsal al periódico *El Universal* de Cartagena. Me ilusionaba tener "algo" en común con Gabriel García Márquez, y qué mejor que el periódico donde él también había escrito en sus inicios.

En las primeras vacaciones de verano que regresé a Cartagena, me presenté allí a pedir trabajo. Y me lo dieron.

Mi primera asignación fue hacer una encuesta entre las personalidades de la ciudad sobre la elección de alcalde por voto popular. Conseguí que el propio alcalde y el gobernador respondieran a la encuesta.

Ese domingo se agotó *El Universal* en Cartagena.

Y creo que la culpa la tuvo mi papá, que los compró todos.

Al regresar a la universidad, empecé a reportar desde Miami sobre todo lo que fuera noticia. Escribía sobre los temas más variados, desde el lanzamiento de la película *Scarface* en pleno boom del narcotráfico de colombianos en Miami, hasta el pánico del descubrimiento del sida. Llegué a cubrir incluso una pelea de boxeo, deporte del que no soy para nada fan. Y esto ilustra un poco lo que ha sido el común denominador de mi vida profesional.

El jefe de redacción del periódico me pidió que cubriera la pelea del *Happy* Lora, un boxeador colombiano muy popular en aquel entonces. Cuando llegué al estadio, repleto de hombres, me llamó la atención la cara angustiada de una mujer sentada cerca del cuadrilátero. Me puse a observarla, pregunté quién era y resultó ser la esposa del boxeador colombiano. ¡Bingo! Mi nota estaría basada en ella.

Las agencias de noticias ya se encargarían de reportar sobre la pelea.

A mí me parecía mucho más interesante narrar lo que pasaba por la mente de una mujer cuando ve que al hombre que ama lo están moliendo a puños (aunque sea por varios miles de dólares). No dejé de mirar sus gestos de angustia durante todo el combate. Al final, me acerqué y la entrevisté. La nota, además de curiosa, fue muy elogiada.

Si no te pasan las cosas, es porque no las crees posibles

Dicen que uno se convierte en lo que cree ciegamente. Digo yo que si a ti no te pasan las cosas que quieres que te pasen es porque en el fondo de tu corazón no las ves posibles.

A mí me ocurrió.

Y me sigue ocurriendo.

Siempre que pasaba por el frente del edificio con letras rojas que formaban la palabra "Vanidades" al lado del aeropuerto de Miami, yo recordaba mis años de adolescencia en Cartagena esperando que llegaran mis revistas. Ahí dentro, en una oficina, trabajaba Cristina Saralegui. Y yo soñaba con entrar un día allí a pedir trabajo y que me lo dieran.

Meses antes de graduarme le pedí a un gran amigo, Fernán Martínez, que en ese momento era el jefe de prensa de Julio Iglesias y amigo de Cristina Saralegui, que me consiguiera una cita con ella.

¿Y dónde se consigue un Fernán que acorte el camino? Tú ponle el nombre que quieras, que si estás atento a las señales el universo pondrá en tu camino a las personas perfectas para que te ayuden a lograr tus sueños. Esos puentes diseñados con la mejor ingeniería de Dios para que cruces tu destino más rápido.

En la historia de mis sueños, Fernán fue pieza clave. Lo conocí en Cartagena cuando yo tenía apenas 13 años. El era el director de *Antena*, la revista de farándula más creativa de Colombia. Además era reportero del periódico *El Tiempo*, y yo admiraba su forma de escribir divertida, llena de descripciones precisas y de analogías perfectas. Un día, estando con dos amigas, lo reconocí de lejos en un hotel de Cartagena, (no sé dónde dejé ese día la vergüenza) y sin ninguna pena me acerqué a decirle que admiraba su trabajo y que yo también quería ser periodista como él. Sabía que esa sería mi única oportunidad de conocerlo.

Él, muy atento, nos invitó a un refresco, y durante dos horas me quedé embobada escuchando las anécdotas que contaba de cada una de sus entrevistas.

Ese día mi curiosidad hizo una fiesta. Yo era la que más preguntaba. Era la primera vez que estaba junto a un periodista y no podía desaprovechar la oportunidad de entrevistar a mi manera a uno de los mejores de Colombia.

Rápidamente nos hicimos muy buenos amigos. Y la vida nos convirtió en hermanos.

La primera decisión profesional que tomé fue buscar la manera de llegar a lo que yo quería conseguir. Por eso no dudé en pedirle a Fernán, cuando me gradué de la universidad, que me consiguiera una cita con Cristina. Así fue como un día de diciembre la señora Saralegui, embarazadísima de su hijo Jon Marcos, me recibió en su oficina del mismo edificio al que yo tantas veces soñé entrar.

Cristina sonaba exactamente igual a como cuando yo la leía. Era divertida, impredecible, mandona.

Muy mandona.

Y muy creativa.

Pero también tenía su lado maternal y dulce. Y creo que desde el momento de la entrevista me adoptó como su hija postiza.

Las paredes repletas de portadas me confirmaron que estaba en el lugar correcto. Recorrí con los ojos todos los artículos pegados en la pared, y todos se me hacían familiares. No había uno que yo no hubiera leído. Y es que me sabía esa oficina de memoria, sin haberla conocido antes. Y desde que entré supe que ya no quería volver a salir de allí.

Lo primero que me sorprendió de Cristina fue su amabilidad. Era la primera vez en mi vida que alguien me trataba como a una profesional hecha y derecha. La entrevista de trabajo se convirtió en una conversación salpicada de anécdotas. Me contó su historia de amor con Marcos, su esposo, me preguntó mucho por la revista, y como yo quería que por mis respuestas ella se diera cuenta de que era su mejor alumna, pasé la prueba.

Me gustaba Cristina porque era muy real. Porque siempre parecía tener una solución para cualquier problema.

Y porque sus problemas se parecían a los míos.

Al despedirse, me dijo:

"El día que tenga algo disponible te llamo. Y va a ser pronto".

Dos meses después, un 14 de febrero a las 8 de la mañana, me despertó el teléfono.

Era Teresita, su simpática asistente.

"¡Hola, Luz María, despierta! Dice Cristina que empiezas a trabajar hoy, así que vente ya mismo, así estés en pijama".

De un brinco llegué a la regadera y dos horas después estaba sentada en una oficina de *Cosmopolitan* escribiendo mi primer artículo para la revista. Mi jefa era la mismísima Cristina Saralegui.

Ella era la directora más joven y mejor pagada de Editorial América. Sus revistas eran las que más se vendían. Ella era la más exitosa. Nada mal para comenzar a inspirar a una veinteañera como yo que en ese momento sentía que tenía otro sueño cumplido.

De aquellos primeros días de trabajo recuerdo hoy (con una sonrisa burlona) que mi timidez me hacía inventar historias tan increíbles como que yo iba a ser la próxima responsable de derribar un cohete de la NASA. Así como lo lees, y no exagero. Una vez se congeló mi computadora, y cuando pedí ayuda, la más seria de las redactoras me dijo: "Tienes que llamar a la NASA a reportarlo".

"¿A la NASA?", pregunté asustada. ¿En qué momento mi sueño de ser periodista se había mezclado con la ingeniería espacial? Al ver mi cara, otra compañera me explicó que la NASA era el nombre con el que llamaban a la central de computadoras de la Editorial América.

Desde ese día, siempre pregunto lo que no entiendo, porque como decía Mamá Tina: es mejor estar un ratico colorado que vivir pálido toda la vida. Y de ese papelón no hubiera sido fácil recuperarse.

Yo fui la primera mujer de mi familia en ir a la universidad. Y la primera también en ser empleada. Mi abuela nunca trabajó, y mi mamá, que también es hija única como yo, siempre tuvo su negocio propio. Eso me convertía en la primera mujer de muchas generaciones en explorar el mundo corporativo.

En esa época yo no conocía las reglas de las empresas ni las del universo. Tampoco entendía muy bien el consejo de mi abuela de que cuando uno cree en algo ciegamente y lo visualiza hace que ese deseo se convierta en una señal directa al universo. Ahora entiendo que simplemente lo deseé tanto y con tanta fuerza que lo volví realidad. Ahora entiendo que el universo funciona como si fuera una gran antena: se encarga de recibir la señal, y un día, cuando estamos preparados para procesarla, devuelve el deseo hecho realidad.

Ahora la reconozco. Es la ley de atracción.

¿Leíste bien el párrafo anterior? Prepararse. Esa es la palabra clave.

Por eso en este libro repetiré mucho esa palabra. Porque también aprendí que para convertirme en la mujer de mis sueños siempre tuve que esforzarme.

Aquí quiero aclarar que para mí el éxito es poder hacer lo que siempre quisiste hacer. Para ti puede ser montar ese negocio con el que sueñas. O casarte y tener hijos.

El éxito es todo lo que te haga feliz conseguir. Lo que yo quiero conseguir escribiendo este libro es que todo el que lo lea saque fuerzas de cada línea y pierda el miedo a luchar por todo lo que lo haga feliz.

Conozco a tantas personas infelices, trabajando solo por dinero. Eso para mí nunca será el éxito.

En aquel momento de mi vida, cuando empezaba a trabajar, yo creía más en lo que le había oído decir a mi abuelo Papá Ernesto: que el éxito se conseguía solo trabajando fuertemente. Hoy en día, a esa receta de éxito le he agregado otros componentes de los que les hablaré más adelante.

Fue tan fuerte aquel sueño de trabajar como reportera de *Cosmopolitan* que el universo, como dice el gran Paulo Coelho, conspiró para que yo lo lograra.

Pero volviendo a mi primer día de trabajo, todo en esa oficina me gustaba. El ambiente era divertidísimo. Los amplios ventanales daban al aeropuerto, y allí comencé yo a escribir mi propio plan de vuelo. Aunque me contrataron como *freelancer*, de allí no me sacaba nadie.

Era la primera en llegar y la última en irme.

La noticia pronto llegó a Cartagena.

"Las monjas del colegio están aterradas de que estés trabajando en *Cosmopolitan*", me escribió una amiga. "Todas dicen que es increíble que lo hayas logrado. Sobre todo por lo *decentica* que parecías".

Me reí mucho con el comentario de la monja. En ese momento, nadie, absolutamente nadie, me iba a aguar la fiesta.

La primera sorpresa que recibí cuando comencé a conocer el equipo de la revista era que la más *Cosmo* de todas las chicas no era tan chica y ya casi llegaba a los 80 años. Pero era una mujer brillante, que escribía como si tuviera 30 y con un sabor que hacía que la revista tuviera un estilo único.

Rápidamente me convertí en la mascota de un grupo formado por mujeres mayores de 40 años. Yo tenía 20, y estar ahí sentada al frente de una computadora y saber que mi artículo se leería en 22 países me llenaba de un gran orgullo. Ahí, por cierto, aprendí a escribir en un español universal y a tener especial cuidado al usar palabras que tuvieran significados diferentes en otros países (¿recuerdas a mi amiga Elizabeth y su "arrechera"?).

Lo que más disfrutaba eran las reuniones para elegir los títulos de la portada. Nadie se imaginaría hoy al leerlos que esos títulos eran el resultado de una decena de personas diciendo todas las locuras que les pasaban por la cabeza.

Nos moríamos de risa. Esa creatividad abrazada a la diversión se notaba en los titulares de *Cosmo*. Pero detrás de esa diversión con la que creábamos los títulos de la portada, la gran tarea consistía en saber vender lo que había dentro de la revista. Y para venderlo bien había que ponerle sal y pimienta a cada titular.

"Porque hasta la leche de magnesia sabe a menta", repetía Cristina.

La primera frase —y lección— que memoricé en esa oficina me la dijo Cristina, que a su vez la aprendió de su exjefa, la gran periodista colombiana Elvira Mendoza:

"Su merced, escriba pa' la bruta que la inteligente entiende", me dijo imitando el acento bogotano de Elvira.

Desde ese día me he asegurado de que lo que se diga en todos los medios de comunicación en los que he trabajado se entienda.

Mi vida de reportera era fascinante. Todavía recuerdo mi primer viaje a Los Ángeles para cubrir el *junket* de la película *Three Men and a Baby*, en el lujoso hotel Four Seasons. Cuando me vi a los 21 años entrevistando a Tom Selleck, solo pensaba en lo que dirían mis amigas de Cartagena cuando lo supieran. Esos ídolos que solo veíamos en el cine estaban de pronto frente a mí.

Y eran de carne y hueso como yo. Estaban hablando conmigo. Contestado a mis preguntas.

Solo había un problema.

¿Quién iba a creer en Quito, Bogotá, Lima, Cartagena o Caracas que yo había entrevistado a Tom Selleck si no tenía ni siquiera una foto como prueba?

Recuerdo que al terminar la entrevista me fui corriendo donde la coordinadora del *junket* y le expliqué que *Cosmopolitan en español* era una revista que circulaba en América Latina, donde no solo éramos un poco incrédulos sino que no estábamos acostumbrados a entrevistar a los grandes de Hollywood, y que yo necesitaba la foto para probarlo.

"Sube a tu habitación y espera mi llamada", me dijo al oído. "Voy a tratar por todos los medios de conseguirlo".

Nada más entrar a la habitación sonó el teléfono. Era ella, diciéndome que había conseguido que Tom Selleck, Ted Danson, Steve Gutenberg y el director de la película, Leonard Nemoy, posaran para una foto.

Salí corriendo del cuarto a tomar el elevador y de pronto, como en las películas que hacen ahí mismo, en Hollywood, el elevador se abrió y ahí adentro, solo, más guapo y alto que nunca estaba Tom Selleck, a quien yo había entrevistado hacía 15 minutos y que bajaba para tomarse la foto.

Sí, estaba Tom Selleck solo en ese elevador donde yo me monté para ir a tomarme una foto con él. Me saludó amablemente con un "*Hello*" y el elevador se cerró dejando dentro solamente a Tom Selleck y a Luz María Doria. "¡Tom Selleck con Luzma!", dirían mis amigas en Cartagena.

Y así fue como bajé 12 pisos con el galán más cotizado de Hollywood en ese momento, que además de guapo era increíblemente encantador. Por supuesto, cuando me senté a escribir mi entrevista, lo primero que describí fue cómo bajar esos 12 pisos con Tom Selleck había sido lo mejor del viaje (bueno, a nadie le conté que esa noche me pasó por el lado Liza Minelli).

Hoy que miro aquella foto en la que ya no me parezco a mí y regresan a mi cabeza todas las ilusiones que tenía en ese momento, compruebo con satisfacción que logré convertirme en lo que soñaba.

Tú también puedes.

Una de las cosas que vamos perdiendo por el camino es la pasión por lo que hacemos. A mí me lo recuerda ver la ilusión de los jovencitos con quienes he tenido el enorme placer de trabajar. A medida que pasa el tiempo nos volvemos selectivos, caprichosos y me atrevería a decir que hasta perdemos la emoción de vivir plenamente nuestro trabajo. El primer artículo que escribí en *Cosmopolitan* lo recuerdo como si fuera hoy. El título era "La presión, el pariente de la tensión", y fue una traducción de la *Cosmopolitan* en inglés. Normalmente teníamos día y medio para hacerlo, pero yo no me iba de la oficina hasta terminarlo. Recuerdo que le di mil vueltas, lo pulí, subí y bajé los párrafos... Mi felicidad más grande era cuando el artículo subía ya impreso de fotolito y lo pegaban en un libro de páginas en blanco. Cristina lo corregía el día del cierre de la revista y dos semanas más tarde llegaba la primera revista de muestra que todas nos peleábamos por ver. Y ni les cuento el orgullo de mis padres allá en Cartagena (ya mi mamá había regresado, y yo, como cualquier chica *Cosmo,* vivía sola) cuando leían el nombre de su hija en la revista.

Cristina siempre publicaba una foto de la reportera con el entrevistado para darle más credibilidad a la entrevista. Una vez, en un supermercado en Colombia, mi papá, con la revista en una mano y yo en la otra, se paseó por todas las hileras mostrándole a la gente que su hija era la misma que aparecía en la revista.

Solo Dios sabe que más abajo de mi cara roja por la vergüenza había también un corazón agradecido por permitirme ser testigo de la alegría y el inmenso orgullo de mi papá.

Lo que no saben los que empiezan y olvidan los que saben

Mi cielo azul también tenía nubarrones grises. Y es que lo más normal del mundo es que cualquier plan de vuelo encuentre turbulencias.

La mía tenía nombre y apellido.

Era un jefe de redacción que me hacía la vida imposible. No entendía a veces mi humor a la hora de escribir. Era un tipo brillante como su calva, pero serio y voluble. Quizás no entendía qué hacía esa jovencita soñadora dentro de un equipo de profesionales experimentados.

¿Pues saben qué hacía? ¡Aprendía! Y me sentaba al lado de cada uno de mis compañeros a que me explicaran su trabajo para absorberlo todo como una esponja.

En aquel momento no tenía la menor idea de que tres años después, justo al cumplir 24 años, me iba a convertir en directora de una revista. ¡Y cómo me sirvió haberme sentado a preguntar e ir por todos los departamentos averiguando los procesos!

Si en este momento me pidieras que describa cómo debe ser la actitud de un empleado que empieza en cualquier trabajo, te diría:

1. Para un jefe, la actitud es casi tan importante como el talento.

Las personas problemáticas, por más talentosas que sean, siempre serán un estorbo. Mantén siempre una actitud flexible, positiva y demuestra tu espíritu de colaboración. Los *#teamplayers* llegan más lejos. No te quejes en público, ni vivas pendiente del horario. La gente amargada siempre tardará más en triunfar.

2. Aduéñate de tu territorio. Conviértete en el mejor experto. Mantente siempre al día de lo que está pasando en tu profesión.
Si tu trabajo consiste en preparar jugos, crea nuevos sabores o maneras nuevas de presentarlos. Innovar es la gran misión profesional de todo aquel que quiera seguir subiendo la escalera hacia el éxito. Detrás de un helado de aguacate, de las *cronuts* o de un sushi con plátano maduro, hubo alguien creativo que se salió del montón.

3. Sé LEAL. Así, con mayúsculas. Y AGRADECIDO. No hables mal de nadie, ni vayas donde el jefe a hablar mal de otro. Las personas inteligentes saben que el que habla mal de alguien a sus espaldas hablará mal de todos los demás cuando se den la vuelta. Durante mi vida profesional, se me ha sentado mucha gente a hablarme mal de otra. Siempre he tratado de entender sus razones y así se los hago saber. Pero siempre buscando un lado positivo. Vivo convencida de que la negatividad atrae más negatividad y que en la medida de que mantengas tu cerebro y tu alma libre de toxinas, tu vida será mejor. Agradece cada oportunidad que te den y sácale el máximo provecho. Trata bien a todos, porque aquel al que hoy desprecias podría ser tu jefe mañana. Y recuerda esto siempre: ¡cero chismes!

4. Nunca dejes de estudiar. Aunque el día que te graduaste sentiste que ya habías cumplido una meta, esa meta en realidad apenas empezaba a verse a lo lejos. Sigue preparándote intelectualmente porque siempre tendrás que competir con los que tienen la memoria más fresca. Toma cursos, no solo para que sigas aprendiendo sobre tu profesión, sino para que aprendas cómo piensan los que están en otras profesiones relacionadas con la tuya. Por ejemplo: toma un curso de finanzas, aunque seas diseñador; las vas a necesitar cuando te pidan cuentas de lo que gastas en tus diseños.

5. Nunca menosprecies a la competencia. Observa sus fortalezas y atácalas. Lo más importante: crea zonas inexploradas para tu compañía. No le tengas miedo al rechazo: ve y presenta tus ideas. ¡Hoy mismo! Siéntate con tu jefe y pídele que te diga todo lo que espera de tu trabajo. De esa manera podrás superar lo que se espera de ti. Presenta ideas que mejoren los procesos en los que estás involucrado. Y no se te olvide esta frase: la competencia mejora el producto.

6. Trabaja para ti, no para la compañía. En la medida en que tú triunfes, harás triunfar a tu empresa; pero no lo hagas por ella, hazlo por ti. Esto no solo te garantiza una constante motivación personal sino que te evitará muchas decepciones. Nutre tu cerebro siempre con lecturas motivacionales. Las vas a necesitar. Cuando leer se convierta en un hábito, reconocerás todas esas fórmulas que les han funcionado a otros y que acabarán convirtiéndose en propias.

7. Aprende a negociar. No regales tu trabajo. Aunque es cierto que aquel que empieza debería pagar para aprender, también es cierto que mientras más pronto comiences a valorizarte, más rápido aumentarán tus ahorros. Y otra cosa muy importante: abre tu cuenta de 401K ¡ya!

8. Crea tu red profesional (LinkedIn siempre es una buena opción). Aprende de los que tienen más experiencia. Participa en todos los cursos que ofrezca tu empresa. Asiste a eventos donde puedas relacionarte con personas que tengan tus mismos intereses. Por ejemplo, las personas motivadoras necesitan estar constantemente motivadas, y por eso asisten a eventos de este tipo. Ser testigo del éxito de otros profesionales te va a permitir nutrirte de más motivos para tu propio triunfo. Además, te va a abrir el apetito de ser igual o mejor que la competencia. Vas a estar enterado de lo que hacen las personas a tu alrededor. Otra cosa importante: cultiva la amistad con tus colegas. Treinta años después comprobarás ¡que siguen siendo los mismos! La base de una buena carrera siempre será contar con buenas relaciones. "Nunca te cierres las puertas con nadie", me aconsejó un día Emilio

Estefan. "En mi vida yo lo mejor que he hecho es hacer amigos", me dijo absolutamente convencido.

Emilio es exactamente igual a cuando lo conocí hace 30 años. Sigue siendo el mismo hombre bromista, humilde y trabajador incansable, que te abraza y te describe detalladamente lo que observa de tu trabajo. Emilio trata igual a los desamparados de Miami Beach que a los grandes ejecutivos. Por eso es grande.

9. Acepta las críticas. No las tomes como dardos personales. Tu misión es mejorar cada día y, al despojarte del ego, el camino hacia el éxito se te hará más liviano. Ayuda siempre a tu comunidad. Siempre pon tu talento al servicio de los más necesitados. Y no se te olvide nunca que el ego mata al talento. Tú decides cuál sobrevive.

10. No pierdas el tiempo. Es lo más valioso que tenemos. No te quedes esperando "a que algo pase" (conozco personas que así vivieron hasta la jubilación). No vayas por los pasillos de la empresa lamentándote por las cosas que no han pasado en tu carrera. ¡Ve y haz que sucedan! Como le dijeron a Lázaro: levántate y anda.

Cómo sacar felizmente una piedra de un zapato

Nunca, pero nunca, debes tener miedo a hablar o a quejarte si algo no sale como debe ser. Como te decía al principio de este libro, estoy plenamente convencida de que en la vida se cometen más errores por miedo que por inexperiencia. Y aunque el miedo merece un capítulo aparte te voy a contar una anécdota de cómo lo vencí cuando apenas empezaba en mi carrera.

En *Cosmopolitan*, yo tuve dos piedras en el zapato. No solo logré sacarlas, sino suavizarlas al punto que se convirtieron en suaves esponjas donde podía apoyarme. Cuando me di cuenta de que el jefe de redacción (del que ya hablé) me hacía la vida imposible, me armé de valor, me senté con él y le dije:

"Este es mi primer trabajo, y además el trabajo de mis sueños. Yo quiero aprender y en mí vas a encontrar la mejor alumna. Lo menos que quiero es producir tu mal genio. Enséñame y verás qué buena mancuerna vamos a hacer".

A partir de ese momento me vio como su alumna, y no exagero si digo que se sentía orgulloso de ver cómo yo seguía sus órdenes al pie de la letra y mis artículos cada vez tenían menos correcciones. Siempre supe reconocer que ese señor era brillante y que la solución al problema no era vivir amargada porque me hacía la vida imposible, sino unirme a él. Entre otras cosas porque nunca he permitido que nadie, absolutamente nadie, boicotee mis sueños (repite conmigo: nunca permitiré que nadie, absolutamente nadie, boicotee mis sueños).

En otra oportunidad, una señora de otro departamento de la revista me gritó cuando le pedí que me entregara el diagrama de un artículo que debía empezar a escribir. Era la hora del almuerzo y, mientras ella jugaba parchís en su oficina, yo quería adelantar mi artículo. Cuando me gritó y me dijo que estaba en su hora de almuerzo, recordé aquel consejo que me dio mi papá cuando me llevó al kínder. Sabía que era hora de almuerzo, pero eso no justificaba que me gritara y me tratara mal. Inmediatamente, pedí hablar con Cristina y le dije a ella que me acompañara. Ahí mismo, a esa señora que podía ser mi mamá, le exigí respeto y le prohibí que volviera a gritarme. Santo remedio. No solo nunca más me volvió a tratar mal sino que nos convertimos en muy buenas amigas. Y llegué a quererla mucho. Decía mi abuela que "el mico sabe a qué palo trepa". Y créeme que es así.

Siempre les aconsejo a mis compañeros de trabajo que no sientan miedo de expresar lo que sienten. De buscar apoyo y ayuda en el jefe. Y si el jefe no ayuda ni apoya, pues hay que seguir subiendo para buscar esa ayuda.

Los problemas en el trabajo siempre van a existir y tú, como un buen profesional, debes adelantarte a las crisis. Tu jefe te agradecerá que le informes si algo no funciona como debe. Antes de hacerlo:

····· Investiga bien cuál es el problema.

····· Piensa cómo arreglarías tú ese problema.

····· Habla con tu jefe o supervisor inmediato y explícale la situación, sin caer en chismes.

····· Ofrece posibles soluciones.

····· Si no te llevas bien con un compañero de trabajo, no dejes que aumente el ambiente de discordia. Habla con él para tratar de resolver el problema y si eso no funciona, pide una cita con tu jefe para llegar a un arreglo.

Yo, gracias a Dios, he tenido los mejores jefes del mundo. No hay uno cuyo recuerdo me moleste. Al contrario, de todos he aprendido y de todos me he sentido su cómplice profesional. Pero sé, porque también los conozco, que no todos los jefes son así y que lo mío ha sido una bendición. Hay personas que no saben utilizar el poder y abusan de él. Y, sobre todo, hay jefes que no saben cómo ser un líder y cohíben por inseguridad la creatividad de sus empleados.

Para esos empleados descontentos que ya han tratado por todos los medios de resolver el problema y no han podido, solo tengo un consejo: buscar otro trabajo. No tengas miedo. Poco a poco, intenta salir de esa relación laboral nociva porque nadie, tiene derecho a hacer tu vida infeliz.

Una vez, una compañera de trabajo me dijo: "Luzma, uno aguanta por miedo a perder el trabajo, porque lo necesita". No lo dudo. Pero uno también necesita sentirse feliz. Y ese trabajo que tienes no es ni será el único trabajo del mundo. Por eso te aconsejo que busques otros rumbos, que sí existen, y que pierdas el miedo a defender tu dignidad. Si no eres feliz, lo que no puedes hacer es no hacer nada. Aquel consejo de mi papá, "no dejes que nadie te joda", yo lo traduzco siempre en "no permito que nadie me haga daño"; pero igual que creo que nunca le he hecho daño a nadie a propósito, tampoco he permitido que me lo hagan a mí.

SÚBELO A LAS REDES

"Sueña con todas tus fuerzas y acabarás convirtiéndote en eso que siempre has soñado".

"Contar tus bendiciones cada día es la mejor manera de ser agradecido".

"Tienes que meterte en la cabeza desde que eres joven que cuando las circunstancias de tu vida cambian, no debes quedarte trabado suspirando con nostalgia por el pasado, sino utilizar toda la energía positiva necesaria para construir tu futuro".

"Si a ti no te pasan las cosas que quieres que te pasen es porque en el fondo de tu corazón no las ves posibles".

"Mantén siempre una actitud flexible, positiva y demuestra tu espíritu de colaboración. Los #teamplayers llegan más lejos".

"Trata bien a todos, porque aquel al que hoy desprecias podría ser tu jefe mañana".

"Tu misión es mejorar cada día, y al despojarte del ego, el camino hacia el éxito se te hará más liviano".

"Cultiva la amistad con tus colegas. Treinta años después comprobarás ¡que siguen siendo los mismos!".

"Nunca permitas que nadie boicotee tus sueños".

"Si no eres feliz, lo único que no puedes hacer es no hacer nada".

@luzmadoria

ÚLTIMA LLAMADA PARA QUITARTE EL DISFRAZ: NI SUPERMAN NI LA MUJER MARAVILLA EXISTEN

Una de esas noches en que Cristina y yo nos quedamos solas trabajando hasta tarde en la oficina de *Cosmopolitan* me soltó a quemarropa esta pregunta:

"¿Tú has visto lo que ha hecho la señora esa con las uñas largas que se llama Oprah Winfrey? Yo voy a hacer lo mismo que ella, pero en español".

Yo pensé que Cristina se había vuelto loca. Ella no se parecía a la gente que yo veía en televisión. No tenía conexión entre el cerebro y la boca. Todos los lunes comenzaba una dieta distinta, se metía dentro de sus vestidos de embarazo mientras bajaba de peso y su pelo era el resultado de varias y malas permanentes...

Pero nada de eso se convirtió en un obstáculo.

Al contrario.

Dos años después mi apreciación se convirtió en su gran éxito: Cristina no se parecía a nadie y el público la escogió la reina absoluta de los *talk shows* en español.

Una de las mejores cosas de trabajar junto a Cristina Saralegui era que te contagiaba sus deseos de superación.

Siempre tenía alguna idea dándole vueltas en la cabeza. Mientras fue mi directora, manejó 22 ediciones especiales al año, colaboraba como asesora editorial de un programa de televisión e iba a *Sábado Gigante* a dar consejos de amor con Don Francisco. Y empezó a cogerle el gustico a la televisión hasta que un día nos dio la gran sorpresa. Cristina iba a tener su propio programa de televisión. Iba a ser famosa. Iba a salir de lunes a viernes en la tele.

Y yo, de pronto, me quedaba sin jefa.

Su salida de la revista hizo derramar ríos de tinta... y de lágrimas. Me sentía huérfana. Se iba mi mentora, mi primera jefa. Y a un mundo que a mí no me gustaba.

Lo mío era el papel. No el video.

"No llores más, Luzma", me dijo como si fuera mi segunda mamá. "Yo voy a regresar por ti. Algún día voy a tener una revista y tú vas a ser la directora".

Esta vez le creí ciegamente.

Yo tenía 23 años y me gustaba mi trabajo de reportera. Trabajaba para *Cosmopolitan* y *TVyNovelas* y mis asignaciones eran divertidísimas.

Tenían nombres conocidos: Luis Miguel, Julio Iglesias, Tom Selleck, Gloria Estefan, Yuri, Chayanne, el Puma... Editorial América ya se había convertido en Editorial Televisa y era (y sigue siendo) la empresa líder en revistas en Estados Unidos. En esa época no conocíamos la internet y los artistas necesitaban visitar las salas de redacción para que hablaran de ellos.

A nuestra oficina llegaban todos los que estaban de moda. Nos tocó ser testigos del nacimiento de leyendas como Luis Miguel. Todavía recuerdo que llegó a la oficina y durante la entrevista me dijo muy seguro de sí mismo que él tenía dos o tres cositas de Elvis (Presley). Sí, así de sencillito. En ese momento, Luis Miguel era accesible al público y a los periodistas.

Cristina era amiga de todos los famosos. Comía en casa de Julio Iglesias, entrevistaba a John Travolta; Gloria y Emilio Estefan eran como sus hermanos. Y yo, que me moría por Julio Iglesias, estaba de pronto al borde de la muerte porque, señoras y señores, Cristina y Julio se iban a encontrar esa tarde en un estudio de grabación, ya que Julio había accedido a ser el premio de un concurso de la revista en el que ganaba la carta de la fan que Cristina sacara al azar. Y la cereza del pastel fue el grito que me hizo parar de mi cubículo:

"Luzma, ¡ven conmigo! Quiero que tú escribas esta nota sobre el encuentro de la fan y Julio". Lo que nadie sabía era que la que se sentía premiada era yo porque admiraba a Julio desde niña. No había nadie que supiera en el mundo más de Julio Iglesias que yo. No había fan que lo quisiera más. Por supuesto, yo, una periodista veinteañera muy profesional, dejé que esa noche el premio, o sea Julio, fuera solo para nuestra lectora.

Lo bueno de la nota (y de lo que nadie se enteró) fue que la reportera era más fan que la fan que se ganó a Julio. Aquí va una anécdota: muchos años después, entré una noche al estudio del *Show de Cristina* pensando que ella estaba allí y me encontré a Julio Iglesias cantando.

Solo. Ensayando. Me quedé ahí parada, en un rinconcito, mirándolo.

Sí, señoras (y señores, aunque no creo que esto les importe mucho), Julio Iglesias me cantó a mí sola. Aunque él nunca lo supo.

Esa noche, usé mi privilegio de ser empleada de Cristina y entré a la sala de maquillaje, me presenté como directora de *Cristina, la revista* y le conté que había una vez una fan suya que, siendo muy niña, lo había perseguido con su camarita de fotos por el aeropuerto de Cartagena y que lo había perseguido tanto, tanto y le había tomado tantas fotos, que él le había dicho:

"Oye, tú podrías ser un día periodista".

Esa noche le conté a Julio Iglesias que esa niña que lo había perseguido por todo el aeropuerto de Cartagena tomándole fotos ya se había convertido en periodista.

Esa periodista era yo.

Que el día menos pensado te tome por sorpresa... ¡pero preparado!

El éxito de Cristina en la televisión de Estados Unidos fue apoteósico. Rápidamente se convirtió en la reina de los *talk shows* y del *rating*.

Yo la visitaba de vez en cuando en el estudio de grabación y me daba un orgullo enorme verla convertida en toda una celebridad. Un día, sonó el teléfono en mi oficina y ¡gran sorpresa! Era ella cumpliendo su promesa:

"Hija mía, ¿te acuerdas que te prometí que un día regresaría por ti para que fueras la directora de mi revista? Llegó ese día. Acabo de cerrar el negocio para crear *Cristina, la revista*, y tú eres la directora".

A esas buenas noticias hoy en día yo las llamo bendiciones explosivas. Ahora sí estoy segura —porque aprendí el proceso— de que mientras desees fervientemente algo y te prepares, esa buena noticia llegará el día menos pensado. Pero a mí me llegó el día menos pensado y me agarró sin preparación.

Me quedé muda con el teléfono en la mano.

¡¡¡Guau!!! ¡Yo, directora de una revista!

Y en la misma empresa donde siempre había soñado trabajar como reportera.

Dios había decidido darme un *upgrade,* y ahora iba a dirigir mi propia revista. Bueno, ni tan propia, porque era de Cristina, pero yo sería la directora de la revista que llevaba el nombre de la periodista más influyente de la televisión hispana y una de las 25 personas más influyentes de Estados Unidos según la revista *TIME*. Yo tenía apenas 24 años.

A esa edad, y recién casada, confieso que me interesaba más el poder que suponía ser la directora que el servicio que podía dar. Mi inmadurez personal y profesional (aunque no se notara) hacía que me preocupara más por el qué dirán y que considerara mi nombramiento un gran logro profesional que me daría estatus.

Por lo rápido que todo iba sucediendo en mi vida profesional, no tuve tiempo para crearme metas ni para definir mis planes. Nunca me puse un plazo para dejar de ser redactora y seguir creciendo. Ni siquiera creé una estrategia para hacerme notar en la empresa (cosa que ahora recomiendo y más adelante te diré cómo hacer).

Simplemente, trabajé y trabajé sin horario y sin quejarme durante esos tres años. Por eso, el nombramiento me tomó por sorpresa (aunque le creí a Cristina cuando me lo prometió, nunca pensé que fuera a suceder tan pronto).

Con el nuevo cargo de editora jefa, vino un aumento de sueldo, puesto privado de estacionamiento y una oficina nueva.

Cristina pidió que fuera su misma oficina, grande y linda con vista al aeropuerto de Miami. Sí, allí estaba yo, instalada como directora de *Cristina, la revista* en la misma oficina donde años antes había ido a pedir trabajo. Inmediatamente, y para estar a tono con el resto de directoras que me doblaban la edad, me empecé a vestir como ellas. Y mi clóset se llenó de chaquetas oscuras y collares de perlas blancas para, creía yo, lucir más seria y profesional.

Con todas esas maravillas de ser jefa también llegó otra cosa por primera vez: el estrés. ¡Yo quería que todo me saliera perfecto! Pero la perfección no existe, y a esta Mujer Maravilla la capa le pesaba mucho y no la ayudaba a volar muy alto.

Me sumergí en una piscina de papeles, fotos y plazos de entrega que hacía que mis minutos no rindieran. Pasaba 12 y hasta más horas en la oficina.

Vivía angustiada y de mal genio. En mis ratos libres me sentía culpable, y entonces trabajaba y trabajaba para no sentirme culpable de no trabajar. Mi personaje, que ya tenía disfraz de chaqueta y collar de perlas, ahora sí existía y se había vuelto gritona y prepotente para combatir la inseguridad.

Tiempo después, leí en el libro *Extraordinary Outcomes*, de Iris R. Firstenberg y Moshe Rubinstein, que eso que yo viví se conoce como el *síndrome del impostor*, que afecta mucho más a las mujeres que a los hombres. Consiste en creer que todos los que nos rodean están mucho más capacitados que nosotros, y lo peor: que un día nos van a descubrir.

Lo peor fue que seguí investigando y encontré que este síndrome es muy común entre las mujeres exitosas. Curiosamente, las que lo padecen trabajan más para disimular que, según ellas, no están suficientemente preparadas. Y así va convirtiéndose en un circulo vicioso, porque al trabajar más horas y estar obsesionadas con los más mínimos detalles, las mujeres que lo padecen terminan cansadas y sin fuerzas.

Otra de las características de ese síndrome es que, cuando tu jefe alaba tu trabajo, tú piensas que lo mereces más por encantadora que por talentosa.

La ciencia aconseja que las personas que padecen de este síndrome escriban sus metas en un papel para visualizarlas como realizables. Poner por escrito esos sentimientos se convertirá en una terapia para adquirir más confianza en sí mismo.

Yo, la verdad, descubrí el síndrome cuando había dejado de padecerlo.

Sin haber ido a un sicólogo, siempre he pensando que en aquel momento mi inmadurez y mi corta edad hicieron que la inseguridad floreciera.

Como dueña de su revista, Cristina era más exigente que en *Cosmopolitan*. Y tenía que serlo, porque esta revista llevaba su nombre y ese nombre tenía una excelente reputación a nivel internacional. Cristina supervisaba cada palabra, cada línea, cada título, cada fotografía. Yo entraba a la oficina a las 9 de la mañana pero nunca sabía a qué hora saldría.

Mi jefa estaba en la cúspide de su fama y a veces no tenía tiempo ni para dormir.

La única manera de verla sin cita era en televisión.

A veces me tocaba ir al estudio, esperar a que terminara de grabar a las 11 de la noche y pedirle que me aprobara las últimas páginas que había que mandar a la imprenta. Y ahí era cuando se le venía una de esas ideas geniales a la cabeza y cambiaba a última hora la portada. Más de una vez me tocó ir manejando a las 2 de la madrugada a dejar la revista en la planta impresora para que pudiera salir a tiempo.

Hoy que lo recuerdo, me alegro de haberlo hecho, porque creo que uno tiene que hacer hasta lo imposible para conseguir el éxito. Pero también creo que me faltó valor para atreverme a pedirle a Cristina que cumpliéramos las fechas de cierre.

La veía siempre tan atareada con sus *shows* (en esa época hacía uno en inglés y otro en español, más giras de promoción, etc.) que pensaba que la ayudaba más si no le ponía más problemas encima.

Última llamada de atención para ti que estás envuelto en líos y problemas: quítate el disfraz, porque ni la Mujer Maravilla ni Superman existen. Es verdad que todos los comienzos son difíciles, pero si algo aprendí con Cristina fue a tener paciencia. A no desesperarme.

Detrás de cada exigencia había una lección que aprender. Así que ahí va una advertencia: a los jefes nos encantan los empleados que saben acatar órdenes y no oponen resistencia. Si además de acatar órdenes le agregas a la idea del jefe tu propia creatividad, los resultados siempre serán positivos.

Lo he comprobado: las personas que se resisten a los cambios, que se niegan a seguir órdenes o que lo cuestionan todo no llegan muy lejos.

Lo mejor de empezar tu carrera con un jefe estricto es que te marcará de por vida y forjará tu personalidad profesional. En mi caso, me quedé con toda la malicia de Cristina, y trato de hacer con mi equipo lo mismo que ella hizo conmigo: empoderarme.

Bienvenido al mundo de los ejecutivos
Primera lección: hay que llegar con la respuesta

A los 24 años, yo acompañaba a Cristina a reuniones importantes con altos ejecutivos y aprendí mucho observando su manera de desenvolverse. Siempre tenía un comentario que rompía el hielo, era tremendamente natural y defendía sus intereses con datos concretos.

Como buena periodista, no entraba nunca a una reunión sin haberse preparado antes. Y esa preparación le daba las herramientas para conseguir lo que quería. De ella aprendí que siempre, siempre, tienes que sentirte dueño de tu territorio. Siempre hay que llegar con la respuesta. Nunca voy a una junta sin saber de qué se trata. Si no se especifica en la invitación, levanto el teléfono y pregunto para ir siempre bien preparada.

Recuerdo que una vez, en Nueva York, asistimos a una reunión con una importante agencia de publicidad. El representante de la agencia estaba sentado en la cabecera de la mesa y Cristina le hizo una pregunta que no supo responder. En ese momento, y para mala suerte del muchacho, entró el dueño de la agencia y, cuando vio que el chico se quedó mudo, le dijo:

"El que se sienta en la cabecera siempre debe saber todas las respuestas".

Desde aquel día nunca me siento en la cabecera si siento que no tengo todas las respuestas.

Siempre tienes que conocer cuánto vendes o cuánto gana tu departamento.

Lo que no se mide no se mejora. Sobre todo, debes conocer a tu clientela. O, como se dice en el mundo de las comunicaciones: a nuestra audiencia.

Prepárate siempre con buenos ejemplos, con ideas que beneficien a todos.

Para Cristina, la audiencia siempre ha sido tan importante como su producto. Cuando estábamos en la revista su prioridad era el lector, y cuando estábamos en la tele, el televidente. Siempre me enseñó a respetar a esa audiencia y a conocerla para poder complacerla. Además me metió en la cabeza que la audiencia de la revista necesitaba conocerme. Y me obligaba (sí, ¡me obligaba!) a hacer el *Show de Cristina* con ella. No podía decirle que no, porque me insistía en que salir en televisión era parte de mi trabajo.

Para que lo entiendas bien: la mayoría de la gente sueña con salir en televisión.

Yo no.

Yo soy del otro bando.

Del bando que se puede quedar paralizado frente a la cámara.

Del que se le puede olvidar por completo de lo que está hablando.

Siento que pierdo mi encanto, que me convierto en otra persona.

Pero a mi jefa eso no le importaba, y cada vez que había un show con un artista invitado, me sentaba frente a una computadora a leer los *emails* que le llegaban al invitado y a comentar con ella la entrevista mientras la iba haciendo. Recuerdo que, al principio, me asustaba tanto que empezaba a hablar y de pronto perdía el hilo de la conversación.

Una vez, Cristina fingió un ataque de tos para que detuvieran la grabación. Yo, que era muy tímida pero nada boba, enseguida me di cuenta de que ese ataque de tos se lo había inventado para que yo no hiciera el ridículo. La segunda vez nos salió perfecto. Y nunca, nunca, hemos comentado si el ataque de tos fue real o inventado.

Hoy le agradezco mucho esa enorme confianza que depositó en mí como profesional. Y cuando me preguntan qué fue lo más importante que me enseñó Cristina, creo que lo que más me ha sacado de apuros ha sido aprender a tener valor.

Cristina me enseñó a tener el valor de pedir un aumento de salario, a exigir respeto y a reinventarme. A continuación te voy a dar los pasos que te llenarán de valor para que nadie te "agüe" tu fiesta hacia el éxito.

Cristina me enseñó a enfrentar mis miedos.

Dicen que el miedo a veces es saludable porque previene el peligro. No lo dudo. Pero yo, que lo he vivido, pienso que además de prevenir el peligro previene el éxito, y por eso hay que aprender incluso cuándo es saludable sentirlo. Una de las cualidades que más agradezco a las personas que trabajan conmigo (y que, por cierto, nadie apunta en su currículum) es el valor. El valor de decir lo que piensan, de cambiar la estrategia, de ser innovadores, o de pedir un aumento de sueldo. De nada vale estar lleno de cualidades si estás repleto de temores que impiden demostrarlas.

Lo primero que tenemos que perder es el miedo a sobresalir. En el trabajo hay que entregarlo todo y tener el valor de correr riesgos. No hay que temer al rechazo. Y grábatelo bien: no hay que subestimarnos. A todos los triunfadores los han rechazado más de una vez. Curiosamente, el pánico a hablar en público siempre ocupa los primeros lugares en las listas (por encima del miedo a las alturas, los fantasmas o las cucarachas), y para sobresalir muchas veces hay que alzar la mano y hablar. Así que combate ese miedo ensayando lo que vas a decir, memorizando las primeras tres líneas, teniendo siempre a mano una buena broma para romper el hielo y siguiendo lo que dicta el corazón. Cierta vez me tocó hacer una presentación en Nueva York ante 200 personas. Tenía que presentar los planes de *Cristina, la revista* para el siguiente año, y recuerdo que la noche anterior escribí mi discurso y lo repetí frente al espejo. Cuando llegó el momento de enfrentarme al público, me di cuenta de que delante del podio donde yo debía pararme había una foto de portada a tamaño natural de Sofía Vergara en la que lucía su espectacular escote.

En el momento en que subí al escenario, cambié de idea y empecé diciendo:

"Buenas noches, tengo que confesarles que me da una vergüenza enorme hablar en público. Pero hoy será distinto, porque estoy segura de que todos los ojos no estarán puestos en mí. Estoy segura de que nadie me está mirando porque todos ustedes tienen los ojos fijos en el escote de Sofía Vergara".

Todo el mundo empezó a reírse y a aplaudir. Esa noche aprendí que no hay nada mejor que una broma para romper el hielo. Recuerdo con mucho agradecimiento que el cineasta León Ichaso, que era uno de los asistentes, se me acercó para felicitarme por mi presentación, según él, tan divertida.

Otra de las cosas que me enseñó Cristina es que hay que perder el miedo a demostrar lo que valemos. Ella dice en su libro *Pa'arriba y Pa' lante* que antes de pedir un aumento uno debe saber cuánto dinero le hace ganar a la compañía. Yo le agregaría: cuánto le has ahorrado. Otro consejo: no te compares con nadie, ni exijas dinero en base a tu antigüedad o por tus intereses personales. Hay quien llegó hace un año y puede estar haciendo más méritos que tú, que llevas diez, y además no es problema de la empresa que quieras comprarte un carro nuevo. Combate tus inseguridades con fe y haz que esta aumente creyendo en ti mismo.

La seguridad te la da la preparación. No temas seguir aprendiendo.

Rodéate de gente que sepa más que tú.

Baja la guardia y pregunta.

Se vale ser humilde y estar abierto a lo nuevo. En estos tiempos en los que la rapidez con que reacciona la competencia nos obliga a estar constantemente reinventándonos, hay que tener el valor de salir de la zona de comodidad. Cuando te pidan cambios, enfoca tu energía en lo nuevo que debes hacer y no en la resistencia. Las empresas valoran la capacidad de adaptación de un empleado. Recuerda: en la receta del éxito, innovar es hoy el primer ingrediente.

Reconozco que el gran miedo de un empleado es siempre quedarse sin trabajo, y por eso con su silencio acepta situaciones incómodas. Pero eso no justifica que nos convirtamos en víctimas. Denuncia lo que no está bien y nunca des nada por sentado.

Para mí el miedo es el peor enemigo del éxito y por eso lo vas a ver repetido varias veces en este libro. Estoy absolutamente convencida de que se cometen más errores por miedo que por desconocimiento o inexperiencia.

Cuando escucho hablar a la joven activista pakistaní Malala Yousadzai me dan ganas de ponerme de pie para aplaudirla.

Su historia es una de las más inspiradoras que he visto en mi vida. Los talibanes intentaron asesinarla en el año 2012 solo por el hecho de querer ir a la escuela, de educarse. A esta guerrera hay que admirarla, no porque se haya ganado el premio Nobel de la Paz a los 18 años, que ya es suficiente motivo, sino por su férrea voluntad de ganarle la batalla al miedo:

"Siempre existe esa pelea entre el valor y el miedo, y algunas veces escogemos el miedo porque queremos protegernos, pero no nos damos cuenta de que escogiendo el miedo nos ponemos en una situación que nos impactará negativamente".

A mí me queda muy claro. No reaccionar por culpa del miedo siempre será peor que la reacción al sentirlo. No hay nada más triste, profesionalmente hablando, que hacer lo que no nos gusta. Y, sobre todo, continuar haciéndolo por miedo a luchar por nuestros sueños.

La próxima vez que sientas miedo, di que sí.

¡Atrévete!

Te aseguro que en ese preciso instante le estarás abriendo la puerta al éxito. Y si eres madre o padre, cuéntale a tus hijos sobre Malala. A mi hija de 19 años la llevé con una amiga a ver el documental sobre su vida.

"Mami, yo nunca me voy a ganar el Premio Nobel", me dijo como preparándome para que no me hiciera ilusiones.

"¿Y por qué no?", le dije.

Aquí en confianza: si se lo gana o no, ya veremos. Por lo pronto, que aprenda a combatir el miedo, como lo hizo Malala, será su mejor premio.

Conviértete en un líder, aunque todavía no tengas el título

La diferencia entre un jefe y un líder es que el primero solo se preocupa por los resultados. El líder se preocupa por los resultados y por la gente que los logra. Uno de los libros que más he disfrutado en mi vida se titula *El líder que no tenía título*, de Robin Sharma.

Lo más importante que me enseñó ese libro es que todos podemos ser líderes sin importar cuál sea nuestro cargo. Sharma aconseja que, en vez de preocuparnos tanto por cómo seremos al final de nuestras vidas o nuestras carreras, nos ocupemos de vivirlas plenamente en el presente dejando huella, inspirando, evitando chismes y habladurías y escuchando a la gente que nos rodea. Lo que más me motivó de ese libro fue entender que lo más importante que hace un líder es influir y que para influir no necesitas ser el director de una compañía, sino solo tratar de sobresalir por tu excelencia en un mundo donde la mayoría de las personas temen salirse de lo ordinario.

En mis comienzos yo no lo tenía muy claro. Tiempo después, cuando la edad promedio de mi equipo comenzó a bajar (y la mía a subir) empecé a escuchar cada vez más seguido esta frase: "Como dice Luzma". Un día, sentada en un avión volando con parte de mi equipo de producción de Miami a Los Ángeles, comprendí perfectamente la maravillosa responsabilidad de ser líder.

Si mi equipo repetía constantemente "lo que dice Luzma" y confiaba en mí, Luzma tenía la gran responsabilidad de ser influyente.

Ese día, en ese avión, entendí plenamente que mi responsabilidad no era solo con el producto sino con el equipo. Sentí la necesidad de entrenarlos para que siempre continuaran superándose, y no solo para aportar sus conocimientos al trabajo que hacemos juntos, sino para que se desarrollen como grandes profesionales. Hoy cuando la gente me pregunta cómo sabe uno cuál es su misión, siempre digo que para descubrirla hay que tener muy claro lo que queremos en la vida y saber por qué lo queremos.

Responde sinceramente a estas preguntas:

····· ¿Qué es lo que realmente te inspira?
····· ¿Qué hace que te olvides del reloj?
····· ¿Para qué te busca la gente?
····· ¿Qué te hace sentir que eres útil?

La respuesta perfecta me la dio el doctor y motivador (y admirado gran amigo) César Lozano cuando le pregunté cómo había él encontrado su misión en la vida:

"La misión se descubre en base a los talentos y habilidades que tú sabes que tienes. No lo que te dicen los demás. Es un momento contigo mismo en que te preguntas algo corto pero profundo: ¿A qué vine a este mundo? ¿Qué puedo aportar para beneficio de la gente que me rodea? Y sobre todo, en base a lo que sé hacer o tengo facilidad para hacer. La misión es la razón de ser o existir. Eso que deseo que recuerden de mí cuando ya no esté. Yo descubrí mi misión el día que decidí escribir, hace 22 años, mi epitafio: 'En recuerdo de quien compartió lo que aprendió siempre con entusiasmo y sentido del humor. Un esposo, padre, hijo y hermano lleno de amor que supo disfrutar la vida y nunca perdió su capacidad de asombro".

César, en su epitafio, decretó lo que iba a vivir.

Cuando yo descubrí mi misión, comenzó a crecer en mí el deseo genuino de ser parte fundamental de la formación de jóvenes profesionales y de inspirar a tantas personas que, como yo, un día necesitarán un mentor.

Aprendí que un líder se preocupa por su gente y elige, no dice, la última palabra. Es el que predica con el ejemplo. Un líder siempre busca el tiempo para su gente y hace crecer a otros.

Un líder es sincero, reacciona a las crisis inmediatamente y, o mejor aun, las previene.

No se deja llevar por favoritismos y ve en cada empleado la oportunidad de crear a un profesional más exitoso.

Un líder sabe que nunca hay que tener miedo de reinventarse y que siempre hay que atreverse a innovar.

Un líder dice "vayamos".

No dice "vayan".

Leyéndolo así, rápido, se oye bien. Lo difícil es practicarlo. Pero al igual que el ejercicio se vuelve un hábito y crea cuerpos bellos, liderar se vuelve un hábito también y crea profesionales exitosos.

Crecerán tus problemas... pero también tu capacidad de resolverlos

Los que me conocen bien saben que siempre repito que los problemas profesionales son como el combo de la hamburguesa con papitas: vienen con la silla.

Antes de tomar una decisión hay que:

Prepararse. Estudia el tema y analiza los pros y los contras de la decisión. Mirar las cosas objetivamente. Sal del problema y obsérvalo desde afuera como un espectador. ¿Qué consejo te darías?

Evitar tomar una decisión estando muy feliz o muy enojado. Las decisiones se toman con cabeza fría, sin emociones. Procurar que nadie note que temes tomar una decisión. Un profesional temeroso es un profesional fracasado.

Si tu sueño es llegar muy lejos, tienes que ir preparado para el camino y para los cambios.

1. No des la impresión de que te agobia el trabajo. Si tu jefe te está observando y ve que no puedes con una tarea, imagínate si te asigna más responsabilidades. Nunca te quejes en publico. De nada. Echarle la culpa a algo es darle poder a ese algo. Antes de quejarte, piensa mejor cómo solucionar el problema.

2. Organízate. Gabriel García Márquez decía que el que no tiene memoria se hace una de papel. Yo añado que te puedes hacer una digital. Un consejo que a mí me ha funcionado: siempre escribo listas en papel de lo que tengo que hacer, y en mi teléfono marco los *emails* que debo priorizar. Las órdenes de mi jefe siempre van en primer lugar. Otro consejo: adelántate siempre a tu jefe.

3. Busca maneras de ser más eficiente. Investiga. Recuerda que aquel que sabe cómo, siempre tendrá trabajo; aquel que sabe por qué siempre será su jefe.

4. No le tengas miedo al cambio... es lo único que puede ser constante.

Si tienes la suerte de tener un jefe al que admiras, hazle saber que quieres aprender de él y trata de permanecer el mayor tiempo posible a su lado para observarlo y aprender de sus decisiones. Si en este momento aún no tienes la suerte de tener un jefe al que admiras, busca un mentor. Te aseguro que se sentirá honrado de poder guiarte. Un mentor puede ser cualquier persona que tenga más experiencia que tú. Detente a pensar en este momento a cuál de las personas que tienes a tu alrededor te gustaría parecerte. Cuéntale por qué lo admiras y pídele que te aconseje. Cada vez que alguien me lo ha pedido, no solo me ha hecho sentir halagada sino con una responsabilidad y un orgullo enormes de que esa persona permita que yo lo oriente. Sin saberlo, Oprah Winfrey ha sido una de mis grandes mentoras. Si tuve la enorme suerte de que Cristina Saralegui fuera mi mentora de carne y hueso, debo decir que Oprah ha sido mi mentora virtual.

He leído todos sus libros, todas las entrevistas que le han hecho y he tenido la suerte de asistir a sus seminarios. Más adelante te contaré una anécdota relacionada con Oprah y que ilustra no solo que en esta vida todo es posible, sino que aquello que crees que nunca va a pasar puedes convertirlo en realidad.

No entres en la oficina de tu jefe a preguntarle cómo le gustaría que hicieras algo determinado o qué quiere que hagas. Entra con seguridad a decirle lo que a ti te gustaría hacer y cómo quisieras que se haga. Al final, se hará como quiera el jefe, pero quizás elija tu idea y no la suya. Y no olvides que la relación que tengas con él o ella será la clave de tu éxito.

Te voy a contar una anécdota que siempre me ha sorprendido. Cuando Cristina se fue para hacer su *show*, yo me quedé en la editorial bajo el mando de una superjefa llamada Yoly Arocha. La apoyé en todo lo que pude, sin imaginarme que 25 años después ella me apoyaría a mí cuando yo me convertí en productora ejecutiva de *Despierta América* y la encontré allí, trabajando como productora. Sí, a Yoly su reportera se le convirtió en su jefa muchos años después (otra gran lección: nunca sabes las vueltas que dará la vida; por eso siempre hay que tratar de dejar los mejores recuerdos). ¿Que cómo la traté? Con el mismo afecto y respeto con que ella me trató a mí cuando yo era su subordinada, y hoy me protege igual que hace 30 años.

Cuando eres jefe no debes hacer distinciones y debes ser, ante todo, justo. Desafortunadamente, eso no te lo enseñan en ninguna universidad, y es muy común ver jefes inseguros que descargan su rabia contra el empleado. Si algo he aprendido en la vida y tengo clarísimo es que cuando tienes una posición de poder nunca debes utilizarla para vengarte de alguien. Y menos de un empleado. Sí, sé que a veces es muy difícil ser justo cuando sabemos que alguien no está haciendo su trabajo como debe ser, pero si el castigo es utilizar tu poder para vengarte, te pones a un nivel aun más bajo que esa persona. Los jefes somos seres humanos y nos duelen las traiciones, los chismes y los enfrentamientos injustos, pero hay que solucionarlos sin involucrar los sentimientos.

Al principio para mí fue muy difícil. Yo quería ser la amiga de todos, llevarlos a mi casa, que todos trabajaran felices. Poco a poco fui entendiendo que yo no tenía que ser la amiga de todos sino la persona en la que todos deben confiar. Al haber tanta amistad y confianza, era más difícil cuando había que llamar la atención. Entonces, decidí tratar a todo el personal de la misma manera, con amabilidad, comprensión y sirviéndoles de guía. Aprendí, entre otras cosas, que cuando hay un problema laboral, siempre hay más de una versión de la misma historia, que hay que ponerse en los zapatos del otro y que cuando te sientas con esa persona hay que explicarle qué hizo mal y entrenarla para que no haya una próxima vez.

Y, sobre todo, no usar la rabia ni el rencor para juzgarlo en el futuro. Solo medir su desempeño.

Voy a ser mamá, enseguida regreso

Después de 25 años de casada, he tenido que responder muchas veces cómo se logra combinar la vida personal con la profesional. Y mi respuesta siempre es la misma: si no hubiera tenido tanto equilibrio en mi vida familiar, quizás no hubiera podido disfrutar tanto de mi vida profesional.

A pesar de que comencé mi carrera profesional en un momento en el que la foto que describía a las mamás profesionales era una modelo con espejuelos y un bebé en pañal en una mano y un maletín en la otra, siempre supe que la familia iba primero... aunque no lo gritara a voces para no mandar el mensaje equivocado.

Y es que parte de los miedos de entonces era que las mujeres profesionales podíamos lucir menos profesionales que los hombres por el hecho de ser madres.

Los directivos de las empresas no llegaban a la oficina tarde porque le tenían que llevar la lonchera al niño al colegio, ni se quedaban en casa cuidándolo cuando estaba enfermo. Entonces, lo normal era no mezclar las cosas y luchar como fieras por la igualdad de condiciones.

Cuando nació Dominique, yo tenía 30 años y llevaba 6 tratando de ser mamá. Me sentía totalmente preparada para serlo y era lo único que me faltaba para ser completamente feliz.

Quedar embarazada a los 30, cuando jugaba a ser feminista (ya no juego, hace tiempo que simplemente soy yo) implicaba que mi nueva condición de mamá no impidiera ninguna de mis obligaciones laborales. Durante los nueve meses de embarazo no falté un solo día a la oficina y, como todo el mundo estaba tan feliz con mi estado, todo transcurrió dentro de la mayor normalidad hasta que cumplí ocho meses. Justo ahí me comenzó una picazón por todo el cuerpo. En aquellos días, además de dirigir la revista, yo estaba ayudando a Cristina a escribir su libro *Confesiones de una rubia*. El ritmo de trabajo era intenso pero muy entretenido. De pronto, un día, me empezó a picar la barriga desesperadamente. Fui al médico y me explico que la picazón era el resultado de un desequilibrio hormonal... Aquel libro de Cristina se gestó en medio de un festival de hormonas revueltas, las mías por el embarazo y las de ella por la menopausia.

Para calmar un poco la rasquiña me tenía que bañar con avena. ¡Era tanta la desesperación que me sacaba sangre de las piernas!

Cuando el médico me dijo que si yo quería me podía inducir el parto para apresurar que las hormonas volvieran a la normalidad le dije que no:

"Yo quiero que mi hija nazca el día que ella quiera y no cuando yo lo decida". Así fue como Dominique nació un 18 de mayo convirtiéndome en la mujer más feliz del mundo. Desde ese día, hace 19 años, cuando en efecto se acabó la piquiña, no ha pasado un solo día en que me pregunté si estaré siendo una buena mamá.

Tener 30 años, una bebé recién nacida y dirigir una revista cuya jefa es la periodista hispana más popular de Estados Unidos era el escenario perfecto para poner en práctica todo aquello que había aprendido del manual que se inventó no sé qué profesional y que explicaba cómo las mujeres sí lo podíamos hacer y tener todo al mismo tiempo.

Hoy, a mis 50 años, puedo decirte sin temor a equivocarme que las mujeres sí podemos tenerlo todo... pero no al mismo tiempo. No tienes que probarle nada a nadie, más que a ti misma. Baila a tu ritmo, no al de los demás. Vive un día a la vez, disfrutando lo que la vida te va presentando.

A la semana de haber dado a luz yo quería ya ser flaca y tomar decisiones laborales mientras le daba el biberón a mi hija. Así era como debían ser las cosas. Pero resulta que las cosas no siempre son como las pintan, y cuando estaba en la oficina quería estar en la casa y en la casa me preocupaba por estar en la oficina.

Al final era una *mombi* (una mamá zombi) que quería cargar con todo y lo que más me pesaba no era ni la pañalera ni el coche: era la culpabilidad.

Mucho tiempo después entendí que las mujeres nos echamos todas las cargas encima, y con hijito, tacones y buena cartera queremos hacerlo todo a la perfección. Pero, ¿sabes qué? La perfección no existe. No e-xis-te.

Así que, por lo menos, quitémonos esa primera presión de encima.

En la vida hay que disfrutar todos los procesos, no solamente los resultados.

Lo primero que hay que tener muy claro es que los hijos siempre están primero. Mientras estaba escribiendo este libro, me impactó la iniciativa de una maestra que puso a sus alumnos a completar la frase "Si mi maestra supiera...". Los resultados parten el alma. Un niño escribió:

"Si mi maestra supiera... que mi mamá nunca está disponible para firmar mis papeles".

Los niños necesitan nuestro tiempo y, sobre todo, toda nuestra atención. Pensamos que comprándole un juguete o poniéndole una película ellos estarán tranquilos. Lo que hay que ponerles es atención, para educar seres humanos seguros y exitosos. Sé lo rico que se siente cuando una llega cansada del trabajo y se quita los tacones, el *brassiere* sale volando y se tira de plancha en una cama sin que nadie moleste. Pero también sé que esos niños ignorados son los que diez años después se entregan a la droga y buscan los escapes menos convenientes para llenar sus ausencias.

No hay reunión que importe más que la cara de felicidad de un hijo cuando comprueba que estás ahí por él y para él. Trata de estar presente así tengas que pagar las horas extras después. Y recuerda: aunque pienses que fuiste a todos los desayunos, premiaciones o actividades, siempre recordarán al que faltaste. Existe una realidad: el disfraz de Mujer Maravilla viene envuelto en muchas culpas. Las mujeres las coleccionamos todas. No nos sentimos suficientemente buenas madres, ni esposas, ni profesionales, ni hijas. Y así se nos pasa el tiempo sin disfrutar plenamente lo que hacemos, corriendo el peligro de no saborear el éxito que conseguimos.

¿Que todo comenzó cuando Eva desobedeció en el Paraíso? De acuerdo, pero ya es tiempo de que dejemos de seguir añadiéndole culpas a esa lista que empezó con aquella manzana.

No se te olvide: la vida no es como sucede en las redes sociales. Esta adicción a la felicidad en la que todos parecemos inmersos puede ser un arma de doble filo. Es maravilloso propagarla, pero también estamos ejerciendo una presión enorme sobre aquellos que no tienen esa pose perfecta que refleja ese estado de ánimo mágico en ese *selfie* espectacular.

No hay que sentirse culpable de no tener una vida perfecta. Hay que entender que ni somos perfectos, ni la vida viene con *apps* que solucionen los problemas, organicen la casa, vistan a los niños, complazcan al jefe, depositen dinero extra en el banco y calmen al marido.

Abracemos nuestras imperfecciones para aprender a ser más felices. No hay nada más liberador que vivir sin máscaras. No te sientas culpable de que tu vida no se parezca a esas novelas perfectas que ves a tu alrededor. Esas novelas tampoco existen.

Disfruta el proceso para que saborees el resultado

Confieso que durante un tiempo solo me interesaban los resultados y los procesos venían envueltos en estrés y culpabilidad. En el trabajo me sentía mala madre y esposa, y en la casa vivía pegada al teléfono. Un día, en medio de uno de los proyectos profesionales más importantes que he vivido, entendí que había que disfrutar los procesos y no atormentarme con ellos.

Todo sucedió cuando James Goldston, vicepresidente de ABC News, me propuso que *Good Morning America*, el exitoso show matutino de ABC, y *Despierta América*, el *show* hispano número uno en las mañanas en Estados Unidos, de Univision, y del que soy productora ejecutiva, salieran al aire simultáneamente.

La idea era que enviaríamos a dos de los anfitriones de nuestro *show* a Nueva York y ellos a su vez traerían dos al nuestro, en Miami. Era algo nunca antes visto, que dos programas que compiten en horario se unieran en una transmisión simultánea.

Nuestro jefe entonces, Alberto Ciurana, inmediatamente le dio luz verde al proyecto y James (que se confiesa admirador de la alegría de *Despierta América*) viajó a reunirse conmigo en mi oficina de Miami y comenzamos a planear el proceso. En ese momento, todo nuestro equipo, fieles admiradores de *Good Morning America*, caminábamos por los pasillos pidiendo pellizcos para despertarnos del sueño. A medida que se iba acercando ese lunes histórico en la televisión, la emoción comenzó a confundirse con el estrés y la tensión se sentía crecer por minutos. En ese preciso instante —recuerdo que era un miércoles— le dije a mi equipo:

"El lunes a las 11 de la mañana, cuando termine nuestro programa, ya todo será parte de la historia. Entiendo que la responsabilidad que tenemos nos produzca la tensión que estamos sintiendo, pero respiremos profundo y comencemos a disfrutar este proceso que no es algo común y sí extraordinario. No hagamos dramas innecesarios. Concentrémonos en que el proceso sea un éxito para asegurar el éxito del resultado".

El domingo al mediodía, justo cuando estaba saliendo de misa, recibí una llamada de Alan Tacher, uno de los conductores del programa, diciéndome que su papá estaba enfermo en México y no se atrevía a dejarlo.

"No te muevas de ahí", le dije. "Tu papá es en este momento más importante que la aventura de *Good Morning America* con *Despierta América*. Cinco minutos después, me entraba un *email* de Eugenio Derbez, quien junto a su esposa Alessandra Rosaldo, iban a ser los conductores invitados del histórico *show*.

"Luzma, nos tuvimos que bajar del avión. Alessandra no se siente bien. Vamos camino al hospital".

En media hora, tres de mis conductores habían tenido problemas que les impedirían estar al día siguiente en el *show* más importante que había hecho en mi vida. Mantuve la calma entendiendo que enloqueciéndome no iba a cambiar las cosas. Llame al vicepresidente de Talento de la empresa y le pedí ayuda. Una hora después, estaban confirmados —para mi alegría— mis queridos Chiquinquirá Delgado y El Dasa. Dos horas después me llamó Eugenio Derbez para decirme que Alessandra ya se sentía mejor, que se estaban montando en otro avión y llegarían a Miami pasada la medianoche. Hasta el día de hoy, no me canso de agradecerle a esta pareja, a la que adoro por buenas personas y talentosos, que hayan llegado a nuestro estudio a las 6 de la mañana. Yo personalmente me encerré con ellos para leerles el *rundown* (mapa del *show*) mientras los maquillaban. A las 7 de la mañana, sin que los televidentes sospecharan lo que había pasado horas antes, comenzamos en vivo el *show* con mas alegría que nunca. Y así fue como ese lunes, en medio de una responsabilidad y una gran tensión pero también de un gran orgullo profesional, nuestro equipo disfrutó sin gritos innecesarios, ni dramas exagerados, de una aventura inolvidable que como latinos y profesionales siempre nos llenará de orgullo (*Thank you, James Goldston!* ¡Gracias, Alberto Ciurana!)

Elimina a la metiche que se apoderó de tu cerebro

Al igual que no aprendemos a saborear los procesos, también es normal que nos sintamos culpables de abandonar a la familia, por ejemplo, cuando estamos inmersos en ellos. La culpa de la culpabilidad la tiene una voz interna que nos sabotea la felicidad. ¿Les suena familiar eso de: "no te lo comas que estás gorda" o "no te lo regales que no te lo mereces"?

Para eliminar las culpas hay que aniquilar a esa metiche envidiosa que dejamos entrar en nuestra conciencia y que se apoderó un día de nuestro cerebro. Prémiate responsablemente. Y en cuanto a la metiche envidiosa, sácala de tu vida e invita a la amiga inspiradora a vivir dentro de ti. Entrénala para que te suba el ánimo, te regale esperanza y te multiplique la fe. Si estás en el trabajo, entrégate al 100 por ciento, y si estás en tu casa, haz lo mismo con tu familia. Si tu culpabilidad es "que no te alcanza el tiempo", levántate una hora más temprano. Prioriza. Entiende que lo puedes tener todo, pero no todo al mismo tiempo. Si estás con tus hijos, que sea para hacerlos felices y no para darles tres gritos. Ellos deben sentirse parte del éxito que nos proporcione el trabajo para que entiendan y gocen sus beneficios. Escribe esto en mayúsculas:

LOS HIJOS SIEMPRE VAN PRIMERO.
No existe nada más importante que la cara de felicidad
de un hijo cuando sabe que siempre puede contar
con sus padres.

La máscara de oxígeno es para ti primero

La primera vez que viajé con mi hija en avión se me quedó grabado que la máscara de oxígeno debía ponérmela yo primero. Así podría ayudarla a ella a ponérsela en caso de emergencia.

Basta ya de dejarnos de últimas para todo. Aunque somos las más cansadas, somos las últimas en apagar la luz. Si tú no eres feliz, no podrás hacer feliz a nadie. Busca un pasatiempo. Y si piensas que no puedes, lamento decirte que no somos imprescindibles.

Repito: no somos imprescindibles.

El mundo seguirá girando sin nosotras.

La buena noticia es que sí somos únicas y por eso debemos cuidarnos y premiarnos.

Por una razón muy sencilla.

Porque nos merecemos todo, menos cargar con más culpas.

Y si aún te quedan dudas, te repito una frase que me encanta. La escribió Sheryl Sandberg, *chief operating officer (COO)* de Facebook: "Tratar de hacerlo todo y esperar que todo quede bien es la receta perfecta para tener un disgusto. El enemigo es la perfección".

Yo no dudo de que por el hecho de ser mujeres nos hayamos tenido que meter en la cabeza que debemos dar la imagen de superheroínas. Y que para alcanzar las metas que nos proponemos debemos trabajar de sol a sol, sin darnos una palmadita en la espalda. Todo eso lo entiendo y confieso que lo he practicado, pero hoy, a mis 50 años, entiendo también que el éxito y la productividad se consiguen sin darnos latigazos en la espalda y sin esperar tarjetas de felicitación.

SÚBELO A LAS REDES

"Nunca te quejes en público. De nada. Echarle la culpa a algo es darle poder a ese algo. Antes de quejarte, piensa mejor en cómo solucionar el problema".

"Disfruta el proceso para que saborees el resultado".

"Si tú no eres feliz, no podrás hacer feliz a nadie".

"Escribe esto en mayúsculas: LOS HIJOS SIEMPRE VAN PRIMERO. No existe nada más importante que la cara de felicidad de un hijo cuando sabe que siempre puede contar con sus padres".

"No hay nada más liberador que vivir sin máscaras. No te sientas culpable de que tu vida no se parezca a esas novelas perfectas que ves a tu alrededor".

"Para eliminar las culpas hay que aniquilar a esa metiche envidiosa que dejamos entrar en nuestra conciencia y que se apoderó un día de nuestro cerebro".

"No tienes que probarle nada a nadie, más que a ti misma. Baila a tu ritmo, no al de los demás. Y vive un día a la vez, disfrutando lo que la vida te va presentando".

"Hay que entender que ni somos perfectos, ni la vida viene con *apps* que solucionen los problemas, organicen la casa, vistan a los niños, complazcan al jefe, depositen dinero extra en el banco y calmen al marido".

"El éxito y la productividad se consiguen sin darnos latigazos en la espalda y sin esperar tarjetas de felicitación".

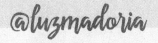
@luzmadoria

CAPÍTULO 3

CONTIGO APRENDÍ...
(LO QUE ME ENSEÑARON
LOS FAMOSOS)

Cristina fue enérgica cuando me llamó aquella tarde a mi casa:

"Óyeme bien. Todo aquel que ignore la importancia de los latinos en Estados Unidos está condenado a fracasar. Y te estoy hablando de personas de negocios, periodistas o de simples lectores. Hacerlo nos puede costar la oportunidad de crecer. En los próximos años vas a ver triunfar cada vez más hispanos en Estados Unidos, y yo quiero que mi revista esté ahí para contarlo. Busca a esa muchachita que se llama Jennifer Lopez y que se acaba de ganar el *casting* para protagonizar la película de Selena. La quiero en la portada".

Esa orden de buscar a "la muchachita" me gustó. Uno de los privilegios de ser periodista es ser testigo de la historia. La muerte de Selena en 1995, asesinada por Yolanda Saldívar, la presidenta de su club de fans en Corpus Christi, Texas, le había dado un giro inesperado a la historia de los latinos en Estados Unidos.

Con su muerte, Selena se convirtió en la primera artista en tener cinco discos en español de forma simultánea en la lista de los más vendidos. Fue precisamente el impacto mediático de la tragedia lo que hizo que se creara la revista *People en español* en 1996. Por eso había que buscar rápidamente a "la muchachita" casi desconocida que la iba a encarnar en la película sobre su vida y presentarla al mercado hispano en la portada de *Cristina, la revista*. Curiosamente, Cristina Saralegui fue una de las primeras en apoyar a Selena en el *Show de Cristina*. Selena era fan de Cristina, y una vez que coincidieron en un festival le pidió que se tomaran una foto juntas. Después, Cristina le dedicó una hora en el *show* y confió tanto en su talento que le prometió apoyarla en todo. Ese mismo día se hicieron unas fotografías para *Cristina, la revista*.

No pude bajar a conocerla.

Y no hubo una segunda vez.

A los pocos meses murió, y ahora estaba yo buscando a Jennifer Lopez la *newyorican* desconocida que la encarnaría en el cine.

Te llamó una tal Jennifer Lopez...

En aquellos días, yo estaba en licencia de maternidad, y desde mi casa comencé a buscar a Jennifer Lopez hasta que su oficina de relaciones públicas me dijo que la propia Jennifer me llamaría por teléfono para realizar la entrevista. La cita era a las 3 de la tarde y yo recibiría la llamada en mi casa.

A eso de las 2 salí a comprar pañales, y cuando regresé a casa me dijo mi mamá:

"Te llamó una tal Jennifer Lopez. Dice que sabe que la entrevista era a las 3 pero quería ver si podían adelantarla".

Esperé pacientemente a que Jennifer me volviera a llamar, y cuando por fin lo hizo hablamos casi una hora. Nunca imaginé que estaba hablando con quien sería la latina más famosa y poderosa de Hollywood. Hoy que la recuerdo tengo que reconocer que su conversación tuvo siempre dos ingredientes necesarios para conseguir el éxito: enfoque y seguridad.

La noté enfocada y muy segura de lo que quería. Estaba convirtiéndose en la chica de sus sueños y en su voz había una mezcla de ilusión con determinación. Con su español machucado y con un encanto que me hacía sentir que estaba hablando con una vieja amiga, me dijo que ella, como Selena, también decía "diez y cuatro" en vez de catorce. Y entre risas me contó que lo mejor de las alfombras rojas era cuando llamaba a su mamá y le decía:

"Mami, ¡estoy al lado de *Forrest Gump* y de Warren Beatty!"

Si ella supiera que hoy mi mamá le cuenta a todo el mundo que una vez le contestó el teléfono a una tal Jennifer Lopez...

¿Y cómo se consigue un millón de dólares?

Jennifer fue la primera latina a la que le pagaron un millón de dólares por una película en Hollywood. El día de la entrevista me dijo que vivía en un apartamento alquilado de dos cuartos. Desde ese día ha comprado y vendido varias mansiones. El dulce sabor de saberse millonaria.

"¿Y qué vas a hacer con ese primer millón de dólares?", le pregunté ese día con una gran curiosidad.

"Ya no me quedan centros comerciales por recorrer", me contestó bromeando con su risa contagiosa. "También he ayudado a mi familia, pero para ser sincera he pensado más en el proyecto que en el millón".

Por cuidar detalladamente lo que hace y no enfocarse en lo que tiene sino en la calidad de lo que hace es que Jennifer Lopez ha multiplicado ese millón. Cuando le pregunté aquella vez cómo se conseguía ese primer millón de dólares, me contestó enseguida: "Lo conseguí trabajando. Trabajando mucho y nunca dándome por vencida. Y a todas esas chicas que se presentaron a las audiciones de *Selena* solo les puedo decir que sigan luchando por sus sueños".

Muchos años después, cuando yo ya trabajaba en televisión y JLo ya era la estrella que más brillaba en Hollywood, tuve la oportunidad de producir un especial para TV desde la puerta de la casa en la que Jennifer creció en el Bronx. Estando ahí parada, frente a su casa, viendo la humildad que la rodeó en su infancia y adolescencia, comencé a admirarla mucho más.

El programa especial, en el que regresábamos a sus raíces, fue tan bonito e inspirador que a los pocos días de haber salido al aire me llamó su relacionista pública para decirme que Jennifer quería que Charytín

Goyco (que conducía *Escándalo TV*, el programa que yo producía en ese momento) la entrevistara.

La llamada confirmaba que seríamos el único medio en español que tendría una hora con Jennifer. Ese privilegio, que llegó sin buscarlo, fue el resultado de la enorme pasión y amor que le pusimos meses antes al especial sobre su vida en el Bronx. Recuerdo que me llevé a mi reportera Tanya Charry, que condujo el programa, a grabar desde la puerta de la casa de JLo. Esa noche, el señor de la India que le había comprado la casa al padre de JLo, salió muy enojado a decirnos que las luces de nuestra filmación no estaban dejando dormir a su nieto recién nacido y que si no nos íbamos inmediatamente, iba a llamar la policía.

En medio del montaje que había ya en la puerta de la casa, y sabiendo que se acababa el tiempo, recuerdo que solo atiné a decirle:

"¿Un nieto recién nacido? Pero qué bendición más grande, ¡felicidades!". Me volteé y le dije a Tanya que no paraba de reírse por mis felicitaciones al abuelito:

"Sigamos grabando hasta que llegue la policía".

Y con temperaturas bajo cero terminamos de grabar. Gracias a Dios, la policía del Bronx nunca llegó.

Ese especial fue un éxito.

Gran lección: ponle a todo tu mayor esfuerzo y dedicación: nunca sabes a dónde te va a llevar ese escalón que estás construyendo.

Desactivando un arsenal de toxinas

A mí me inspiró mucho la historia de Jennifer Lopez. Y es que una de mis palabras favoritas es inspirar. De hecho, llevo en mi muñeca una pulsera grabada con esa palabra para que me recuerde constantemente que siempre hay que hacerlo.

Yo uso la palabra inspirar muchas veces al día y estoy segura de que la leerás muchas veces en este libro. Como si repitiéndola, la misma palabra me inyectara energía para seguir adelante. Para motivarme a mí y a los que me rodean.

Para motivarte a ti, que me estás leyendo en este momento y que tal vez piensas que ya no hay salida.

¿Te has puesto a pensar que quizás tienes la cabeza tan llena de toxinas que no puedes ver las señales?

Estoy convencida de que la vida viene con un mapa de señales que, desafortunadamente, por no enfocarnos lo suficiente, usamos pocas veces.

¿La consecuencia?

El camino se hace más largo y la meta se ve cada vez más lejos.

Para mí, cada señal puede ser un momento de inspiración. A mí me inspiran, por ejemplo, las personas que no se quejan. Las que caminan la milla extra y las que se ríen con facilidad. Me inspiran aquellos que preguntan sin vergüenza y hablan sin rodeos.

Me inspiran los gordos que tienen voluntad para hacer dieta y los flacos que madrugan para ir al gimnasio. Las madres que crían solas a sus hijos y las casadas que luchan contra la soledad cuando ellos se les van.

Los que se enfrentan diariamente a sus discapacidades con una sonrisa y piensan que la vida es bella. Me inspiran los que cruzan las fronteras buscando sueños y los soñadores que no conocen las fronteras.

A todos nos pasa. ¿Cuántas veces al día pensamos que vamos a tirar la toalla? Es precisamente en ese momento en el que "ya no puedes más" que necesitas la inspiración para que te dé el gran empujón hacia la meta.

¿Que de dónde se saca?

Yo la encuentro en las biografías de triunfadores, en los libros y blogs de autoayuda, o en mi equipo personal de inspiradores. Tengo una lista de personas cercanas que me inspiran. Y cuando hablo con ellas quedo absolutamente convencida de que seré capaz de todo.

Crea tu equipo. Y te cuento algo más: te darás cuenta de que poco a poco, como un hábito, tú mismo te volverás inspirador creando una maravillosa cadena de buenas vibras. Mientras escribía este libro asistí a una charla de mi amigo Ismael Cala.

"Hay que abrazar la incertidumbre y atreverse", dijo al finalizar, y yo salí de ahí con una caparazón contra la que se estrella cualquier pensamiento negativo. Lo comprobé cuando de camino a casa recibí tres llamadas que iban dirigidas a descomponer el día; pero como mi alma estaba repleta de combustible antinegatividad, todo rebotó en mi caparazón de positivismo y pudo convertir esas tres llamadas tóxicas en tres lecciones para las personas que me llamaron.

Creo que, al menos, les desactivé el arsenal de toxinas.

Cuando te inspiras te conviertes en un portador de buena vibra. Por eso para vivir feliz es muy importante vivir inspirado. Y una de las mejores maneras de lograrlo es rodeándonos de personas que admiramos. Y esas personas no tienen que ser ni ricas ni famosas.

Simplemente reales. Cuando entro de madrugada a trabajar, hay un guardia de seguridad que siempre me dice:

"¡Buenos días! Que tenga usted hoy un día maravilloso".

Yo creo que él no se imagina que mi día empieza a ser maravilloso gracias a sus palabras.

Eso que admiras en otros, ya tú lo tienes

La generosidad que necesitamos para admirar a alguien es vital para alimentar nuestros sueños. Pero hay que enfocarnos muy bien en los motivos de esa admiración y vigilar de cerca las razones que la producen.

En estos momentos en que todos vivimos enredados socialmente en plataformas digitales es fácil confundirse deseando tener el éxito profesional que promueve fulanita en Instagram o el cuerpo de Zutanita en Facebook o una foto bonita de familia como la de Peranita en Twitter.

Mi hija me dijo hace poco algo que me llegó al alma:

"Mami, ¿por qué hay esa necesidad de demostrarle a todo el mundo a toda hora que somos felices?".

Y tiene razón. A veces se siente uno con la necesidad de contar que está de viaje y feliz. O comiendo y feliz. Tal y como lo hacen los famosos. Y a veces parece que lo vemos todo como algo lejano e imposible de conjugar en primera persona.

Hoy te estoy escribiendo a ti que crees que nunca serás igual a esos que triunfan. Que te parece que lo de JLo solo le pasará a ella y no a ti.

Recomendación: no pienses en eso que tú crees que te separa de los triunfadores; mejor concéntrate en lo que tienes en común con ellos.

Te pregunto a ti, que piensas que nunca pertenecerás a ese grupo de personas que admiras: ¿qué tal si esas cosas que te hacen brillar los ojos cuando las descubres no son más que el reflejo de tus propias cualidades?

El éxito, el bienestar o la belleza no son propiedades exclusivas de nadie. ¡Ellos no son mejores que tú! Te voy a decir cómo puedes empezar a brillar con tu propia luz.

Se vale admirar: la admiración inyecta inspiración, y al estar inspirada consigues las vitaminas que el alma necesita para fortalecerse y perseguir desenfrenadamente tu sueño. De hecho, hay estudios que indican que si cuelgas en tu oficina fotos de personas que admiras tienes más posibilidades de multiplicar tu éxito. Esas fotos te servirán de inspiración para no detenerte en tu camino, tal y como lo harían esas personas que tú tanto admiras. Graba este pensamiento en tu cerebro: la única diferencia entre esa persona que admiras tanto y tú, es que esa persona se atrevió. Comienza a leer historias de éxito. Enseguida te darás cuenta de que todas tienen en común la perseverancia, la tenacidad, la fe y el miedo. Pero, a la vez, en todas esas historias, al miedo, como a cualquier villano, hubo que eliminarlo. Analiza lo que admiras en otra persona y haz una lista de cómo serías tú capaz de conseguir lo mismo.

Una de las cosas que me da resultados es confirmar que las personas que admiro tienen los mismos problemas que yo. Leyendo el libro *Year of Yes*, de Shonda Rhimes, productora ejecutiva y creadora de *shows* tan exitosos como *Grey's Anatomy*, *Scandal* y *How to Get Away with Murder*, me sorprendió saber que durante mucho tiempo se negó a dar entrevistas porque se aterrorizaba frente a las cámaras. Y en su libro explica cómo su vida comenzó a cambiar el día que su hermana le hizo ver que a todo le decía que no y que tenía que empezar a decir que sí. Leyendo a Shonda, de quien me declaro absoluta admiradora, comprobé lo que quiero que ustedes comprueben: que todos tenemos miedos parecidos e inseguridades comunes, pero la diferencia está en cómo unos se atreven a enfrentarlos y otros no.

Miedo, ¡conmigo no te metas!

¿Cómo se aniquila el miedo? Marianne Williamson, una de mis escritoras favoritas, dice que nuestro mayor miedo no es a no ser capaces, sino a ser poderosas sin medida. Y que le tenemos más temor a la luz que podemos proyectar que a la oscuridad en la que nos puede encerrar el miedo.

Convéncete de esto: el universo nunca pondrá un deseo en tu corazón que tu cabeza no pueda lograr. Lo que nos pasa es que dejamos nuestros sueños escondidos en un rincón toda la vida porque no nos atrevemos a dar los primeros pasos para conseguirlos. Y en vez de crear maneras para lograrlo, invertimos el tiempo en inventar excusas para justificar por qué no lo podemos hacer realidad.

Entonces, desde hoy, enfrenta el miedo, que es la única manera de quitarle el poder que ejerce sobre ti.

Ve y presenta esa idea que te da vueltas en la cabeza, habla con esa entidad que puede prestarte el dinero para montar tu negocio, inscríbete en ese curso que siempre has querido hacer, solicita ese trabajo que siempre has querido...

¿Y si te rechazan? Los grandes triunfadores también tuvieron eso en común pero se rehicieron y siguieron adelante.

"El miedo es un sentimiento que crea la mente en base a dos cosas: lo vivido por uno mismo u otros y lo que supone la gente", me explicó el doctor César Lozano cuando lo entrevisté para este libro. "Generalmente, se crea sobre algo irreal que la mente hizo real. Desde que hice una reciente investigación sobre muchos miedos que tuve en el pasado y vi cuánto tuvieron de verdad y cuánto no, aprendí a no creer todo lo que me dicen y todo lo que yo mismo me digo".

La diferencia entre los que se atreven a luchar por sus sueños y triunfan, y los que se levantan todos los días soñando con triunfar y no se atreven se llama miedo. Y eso es en lo único que los segundos siempre le ganarán a los primeros: siempre encontrarán más motivos para quedarse paralizados que para buscar acción.

Tener miedo es lo más natural del mundo.

Desde aquello inexplicable que sentíamos de niños con el cuento del coco que nos iba a salir si no nos comíamos toda la comida (ya saben a quién echarle las culpas de las libras de más), hasta ese miedo al fracaso con el que vivimos de adultos (o al ridículo, o a la soledad, o al rechazo, o a hablar en público, o a lo que tú quieras) ha pasado una vida entera... pero el miedo sigue intacto y solo cambió de motivo.

Como si al mismo miedo le diera miedo convertirse en valor.

Estoy convencida de que la ruta que conduce a la felicidad debe estar limpia de piedritas que se metan en el zapato y no te dejen avanzar. Y el miedo, amigo mío, a veces se disfraza de piedrita.

El miedo permite que seas infeliz con personas que no amas y abusan de ti.
Logra que no ganes más dinero porque no te atreves a buscar otro trabajo o a pedir un aumento.
El miedo hace posible que haya personas que no te puedan ayudar porque no saben lo que te pasa.
Y peor aún, que no saben lo valioso que eres.

El miedo nos aplasta en un sillón y no nos deja
bailar en la fiesta de la vida.

Y yo me pregunto: ¿Cuántas cosas estás
tú dejando de hacer por miedo?

¿Cómo sería tu vida si te atrevieras ahora
mismo a hacer eso que siempre has querido? Inténtalo.

El valor de tomar una decisión surge en ese instante
mágico que cambiará tu destino.

Y te hará más feliz porque apresurará tu camino hacia el éxito.

Sentirás que eres libre, que tienes voz.

Y, sobre todo, que tu destino lo estás
escribiendo tú mismo de tu puño y letra.

¡Llegaste! En esta página encontrarás valor

¿Cómo se consigue ese valor? Aquí van cuatro consejos que me han
ayudado a ganarle poco a poco la batalla a ese saboteador de vidas: el miedo.

1. Saca las toxinas de tu cabeza y alimenta bien tu autoestima.
Lee libros que te limpien el alma. Estudia. No permitas que nadie te
haga creer que no sirves. Tú vales mucho. Y repítelo cada vez que sientas
miedo. Michelle Obama aseguró en el discurso que dio a los graduados
de Tuskegee University, en Alabama, que al principio de ser primera
dama tuvo que ignorar el ruido producido por las especulaciones sobre
ella y concentrarse en ser fiel a sí misma. De ella se decía que hablaba
muy alto, que parecía enojada o que era demasiado sensible para ser una
profesional. Ese día, Michelle le contó a los muchachos que había sido
víctima de racismo y que incluso había tenido que soportar apodos.
"En esos días pase muchas noches en vela", recordó Michelle en su
discurso. "Me preocupaba mucho de lo que otros pensaran de mí, vivía
pensando si dañaría la carrera política de mi esposo, sentía miedo
a la reacción que tendrían mis hijas cuando supieran cómo me llamaba
la gente. Finalmente me di cuenta de que si quería mantener la cordura
y no permitir que nadie me definiera debía tener fe en el plan que Dios
tenía para mí".

2. Haz una lista de las cosas que temes y enfréntalas. Créeme, no te va a pasar nada si dices lo que piensas y expresas esa idea genial que se siente atada a tu cerebro. O si pides lo que quieres. O si tocas esa puerta que parece infranqueable. Al contrario, ganarás el respeto de los que ahora temes. Salma Hayek dijo una vez en una entrevista al periódico *El País* de España que "hay que vencer el miedo para sentirse libre y descubrir tus puntos fuertes. Yo antes tenía fobia a las serpientes, y ahí me tienes bailando con mi mayor temor en *From Dusk till Down*. Me daba miedo la oscuridad. Y el matrimonio, y aquí estoy, casada. Aún me da vergüenza reconocer cuántas veces me lo tuvo que pedir mi esposo. Tres veces. Ese ha sido el mayor temor que he superado".

3. Agradece cada bendición que llegue a tu vida... y las que llegarán. El miedo se disfraza fácilmente de consejero y se cuela en los corazones vacíos. Ten mucho cuidado de lo que te quejas. Si eres de los que siempre tienes algo malo que decir de tu trabajo, lamento decirte que te estás quejando de una de tus bendiciones.

4. Cada vez que sientas miedo, recuerda que eso que sientes te está alejando de tu meta, que es ser feliz. Entonces, ¿permitirás que siga sucediendo?

5. Aprende a decir no. Yo aprendí a los 40 y mejoré mi vida un cien por ciento. Desde niña, siempre tuve miedo a desilusionar a la gente si me negaba a hacer algo. A medida que fui creciendo, se fue haciendo más incómodo porque me encontré haciendo cosas que no quería hacer, como recibir en mi casa a esos "amigos" que llamaban "para ver si puedo dormir en tu casa una noche, Luzma, porque voy camino a Nueva York". Y Luzma decía que sí, así no quisiera. Entonces, cuando cumplí 40 años decidí que mis *sí* y mis *no* iban a salir directamente de mi corazón. Y no sabes, querido lector, el buen resultado que me dio esa decisión (Advertencia: el primer *no* va a ser el único difícil).

Uno de los mayores miedos de mi vida es montar en avión. Y se fue volviendo progresivo. Nunca he entendido el pánico que siento en un avión. Mi papá le tenía pavor a los aviones, y a veces pienso que me lo transmitió. Tal vez fue Tatati, mi nana, por aquel cuento de que ella era blanca y el avión en que viajaba se cayó y ella se quemó de pies a cabeza y por eso se volvió negrita. Hay quien me ha dicho que en otra vida me maté en un avión. No sé cuál es el motivo de mi fobia, pero te confieso que aterrizar siempre se me parece a un verdadero milagro.

Por mi trabajo, me toca viajar en avión mucho más de lo que me gustaría, y esos vuelos los asumí como parte de mi responsabilidad profesional. Sin embargo, en mi vida personal decidí durante un tiempo que a mis vacaciones siempre iría en carro o en barco.

Montarme en un avión era como despedirme de la vida. Cuando cerraban la puerta y despegaba, yo sentía que comenzaba mi camino a la muerte. Europa, que ejercía un atractivo especial en mi vida, se convirtió en un sueño inalcanzable porque yo le di la orden a mi cerebro de que nunca, nunca, nos montaríamos en un avión para cruzar el charco.

Siempre pensaba "que Dios me lleve de este mundo cuando quiera, pero yo no le voy a ayudar en nada".

Y entre no sentir miedo y conocer a Europa, yo prefería siempre lo primero.

Una vez, Víctor Santiago, gran amigo y director y productor general de *Despierta América*, me dijo: "Yo no entiendo cómo una persona como tú, que todo lo ve desde un prisma diferente y que eres tan positiva, puede negarse a sí misma el placer de viajar y conocer el mundo por temor a sentir miedo. No va a pasar nada". Esas palabras, viniendo de él que es un viajero incansable, se quedaron dando vueltas en mi cabeza. Y yo, que por miedosa nunca estuve de acuerdo en que había que combatir los miedos enfrentandose a ellos, cambié de opinión. Mi mamá, que no había querido ir a Europa sin mí, me dijo una noche mientras lavaba los platos después de la cena: "Ya voy a cumplir 70 y nunca fuimos a Europa. La vida se está acortando...".

Sus palabras fueron como un resorte, lo que necesitaba para atreverme. Me levanté y le dije a mi esposo que comprara los boletos a Barcelona desde donde tomaríamos un barco que nos llevara a la mayor cantidad de países posibles. Mónaco tenía que ser parte de ese recorrido porque siempre había sido el sueño de mi mamá. Para que entiendan mejor la importancia de la realización de este sueño: el que oiga hablar a mi mamá de Grace Kelly pensaría que es su prima. Mi mamá puede opinar sobre Carolina, Alberto o Carlota como si fueran sus sobrinos. Por eso, en barco y en tren, yo le iba a dar a mi mamá, como fuera, el gusto de recorrer Europa conmigo.

Al día siguiente fui al médico y le expliqué mi fobia. Le pedí una pastilla que me tumbara durante las 10 horas de vuelo. A partir de ese momento, empecé a soñar con que ese viaje sería posible y que nada malo iba a pasar en el avión.

Comencé a investigar sobre los lugares adonde iríamos y a enamorarme de ellos. Lo vi posible y seis meses después llegué a Europa sana y salva. Y sí, me dio miedo, pero lo combatí. La pastilla hizo efecto tres horas, y a pesar de que el avión se demoró en la pista dos horas para despegar porque estaba cayendo una tormenta y de que en medio del vuelo hubo una gran turbulencia, llegamos sanos y salvos.

La mañana que llegamos a Mónaco y que entré con mi mamá a la catedral donde está la tumba de Grace Kelly, sentí que le había dado el mejor regalo de su vida. Lo que ella había soñado siempre. Caminar con ella por esas callecitas como de cuento, pararnos al frente del castillo que tantas veces miramos en las revistas, fue la mejor recompensa al valor que me dio atreverme a cumplirle su sueño.

Ese día aprendí que las barreras las pones tú en tu mente y que el miedo es el peor enemigo de los sueños. Desde ese día, trato de no complacer al miedo, como hice durante los 30 años en los que me evité a mí misma no el miedo de montarme en un avión 10 horas, sino la inmensa alegría de compartir con mi familia unas vacaciones inolvidables.

Ahora trato de ir todos los años a Europa con toda mi familia y fabricar todos los recuerdos que por mi miedo no les pude regalar antes.

Seis meses después de haber ido a Europa la primera vez, la empresa para la que trabajo me envió a la Universidad de Cambridge, Inglaterra, a tomar un curso de televisión. En ese curso, al que quizás yo no hubiera aceptado ir un año antes, la gran sorpresa fue que uno de los maestros invitados era el asistente del productor ejecutivo de *Hechizada*. No te imaginas lo que sentí cuando al terminar su presentación, me acerqué a contarle que su *show* era mi programa favorito cuando era niña y que muchas veces me encerré en el baño a tratar de mover la nariz como Samantha (tal vez me faltó un buen productor ejecutivo para hacerlo posible). Una vez más, la vida me acercó a las cosas que me gustan y admiro. Allá en ese frío de Cambridge, mientras le daba un abrazo de admiración al asistente del productor ejecutivo del *show* que yo veía con mi abuela, pensaba que Dios, el productor ejecutivo de mi vida, se había esmerado una vez más para seguir produciéndome las mejores sorpresas. Nada mejor que este consejo de César Lozano para atrevernos a todo: "Si sentimos que eso que tanto deseamos en la vida es para bien y no dañamos a nadie, no tenemos por qué temer. Es cuando la fe cobra vida y nos lleva a lo que deseamos".

Sigue el ejemplo de Thalía: nunca pierdas el control

Una de las famosas más valientes que he conocido en mi carrera es Thalía. La primera vez que la entrevisté estaba recién casada con el magnate del entretenimiento Tommy Mottola y se había mudado de México a Nueva York.

Ella y su mamá, doña Yolanda, eran muy amigas de Cristina, y era común que después de grabar el *Show de Cristina* se quedaran comiendo y bebiendo tequila en el cómodo camerino de Cristina en sus estudios Blue Dolphin en Miami.

Divertidísimas. Curiosas. Siempre rodeadas de muy buena vibra. Doña Yolanda, la mamá y mánager de Thalía, se dedicó por completo a su carrera e hizo de su hija menor la estrella más grande de México. Tenía fama de ser la mánager más exigente. Pero se dio el lujo de crear a una estrella, lo cual demuestra que esa repetida y antigua fórmula de estar pendiente hasta del último detalle siempre da buenos resultados.

Cada vez que he trabajado con Thalía, en aquellos tiempos o ahora, ella siempre está en control de todo. Es sumamente creativa y tengo que decir que es la única superestrella, de todas con quienes he trabajado, que forma parte activa de los procesos, da su opinión y envía ideas de los resultados que quiere obtener.

A pesar de ser una de las más grandes artistas del mundo latino, siempre tiene una sonrisa, y se nota que se divierte mientras trabaja. Su pasión y su alegría son contagiosas, lo que hace que trabajar con ella siempre sea un placer. Thalía le hizo caso a Cristina, cuando le aconsejó que había que invertir en un buen socio como marido. Tommy no solo la quiere y la mima sino que la orienta, y esa Thalía empresaria es el resultado de esa maravillosa combinación Mottola-Sodi.

Si algo hay que aprender de estas estrellas es que no se quedan estancadas. Thalía ha formado un imperio con la venta de sus libros, discos y línea de ropa. Es detallista, sencilla, exigente, y pasó de México a Manhattan sin perder ni un ápice de su sencillez.

Recuerdo que esa primera vez que la entrevisté estaba recién llegada a Estados Unidos y me contó que compraba tarjetas telefónicas para llamar a México porque eran baratas y "rebuenas". Estar al lado de Thalía es contagiarse de su buena vibra.

Durante mi trabajo en *Despierta América* ella ha escogido ya dos veces el programa para presentar su colección de ropa. Las dos veces se ha divertido, ha opinado, se ha sentido como en su casa. Y las dos veces siempre ha tenido el gran detalle de agradecerlo. Me da un gusto enorme, y se lo dije, que siempre nos inspire con su alegría y su positivismo. Thalía ha vivido momentos muy tristes en su vida, como la muerte de su mamá en la última etapa del embarazo de su hijo Matthew, o cuando padeció la enfermedad de Lyme. Pero se ha levantado y nos ha dado a todos una lección de valor, positivismo y pasión.

Lo que nadie sabe de Thalía es que es una mujer absolutamente generosa que permite que brille la gente que está a su alrededor. Cuando realizamos en *Despierta América* una serie sobre el equipo que la embellece, Thalía me llamó personalmente a agradecerlo. Ese día, le di las gracias yo a ella porque pocas estrellas permiten que su luz ilumine al resto.

Espera un poco, un poquito más...: Lo bien que le ha ido a Sofía Vergara

Otra estrella que sabe que no hay que poner todos los huevos en una sola canasta y por eso es hoy la latina mejor pagada de Hollywood es Sofía Vergara. De esta colombiana linda, inteligente y divertida hay que aprender, sobre todo, que uno nunca, pero nunca, se debe dar por vencido. Conocí a Sofía cuando trabajaba para Univision y la gente se burlaba de su sueño de trabajar en Hollywood. Aparentemente, Sofía tenía todo lo que a la meca del cine le sobraba: era rubia, pechugona y muy hermosa. Esas cualidades que la hacían única en el mercado hispano la convertían en una del montón en el mercado anglo. Sin embargo, desde que Sofía Vergara llegó a Miami con Manolo, su único hijo, nunca se dio por vencida. Supo llevar con mucho humor que sus únicas cartas de presentación cuando llegó a Estados Unidos fueran un sonado romance con Luis Miguel y un comercial de Pepsi. Fernán Martínez (sí, el mismo que me ayudó a mí a llegar a Cristina y que descubrió a Enrique Iglesias y a Juanes) fue quien también ayudó a Sofía a entrar a Univision, donde tuvo éxito desde el primer momento por su gran belleza y simpatía.

Recuerdo que durante la primera entrevista que le hice me dijo:

"Tú sabes escribir cosas bonitas. Que todo lo que te he dicho salga así mismo en la revista. Escribe lo que quieras, pero que te quede bonito".

Y nunca olvidaré que en su mejor momento en el mercado hispano se tomó el tiempo de escribirme una tarjeta agradeciendo la entrevista "más bonita" que le habían hecho en su vida. Sofía confirma que cuando el agradecimiento sube al cielo, bajan las bendiciones a la tierra.

Creo que Sofía, Thalía, Celia Cruz y Jenni Rivera han sido las artistas más agradecidas que he conocido. Las cuatro siempre me enviaban notitas escritas de su puño y letra, elogiando la entrevista publicada.

Sofía, siempre ha sido una mamá muy trabajadora. Recuerdo que cuando contrató como manager a Luis Balaguer, un buen amigo mío que hizo historia al ser el primero en hacer el *crossover* al mercado anglo (hoy su empresa, Latin WE, es tan conocida en inglés como en español), ambos siempre insistían en trabajar en Hollywood e incluso se burlaban ellos mismos de esos deseos.

"Hay que seguir insistiendo hasta que nos descubran", bromeaba Luis. Y así fue como Sofía se fue a vivir a Los Ángeles y empezó de cero, yendo a audiciones y aceptando pequeños papeles en Hollywood.

"A mí no me pagaron nada por actuar en *Baywatch*", me dijo cuando la entrevisté en 1999. "Pero me interesaba mucho aparecer ahí".

Lección de la mejor pagada de Hollywood: nunca desperdicies una oportunidad. Otro buen consejo que me dio en esa entrevista fue estar siempre presente para los hijos: "No te voy a decir mentiras, para mí el dinero es superimportante, pero también lo son los horarios y la flexibilidad. Yo quiero ser parte de la vida de Manolo y no ser una mamá por teléfono".

Y lo es. Manolo ya se graduó de la universidad y Sofía y él tienen una hermosa relación que confirma que su plan dio resultado. Durante todos los años que he visto de cerca cómo escaló la complicada montaña del éxito, tengo que reconocer que se mantuvo con los pies en la tierra. No hubo un solo 31 de diciembre que la invitáramos a nuestro especial de TV de Año Nuevo que Sofía dijera que no. El gran salto al estrellato lo dio con *Modern Family*. De ella aprendí en ese momento que si uno no pierde el foco, ni se desespera, puede terminar siendo la latina mejor pagada y una de las más influyentes y poderosas de Estados Unidos.

Sofía nunca ha perdido su autenticidad, supo prepararse, esperar su gran oportunidad y meterse a Estados Unidos en el bolsillo con su papel de Gloria, la latina más latina de Hollywood. Cuando fue con su amiga Reese Witherspoon a *Despierta América* para promocionar *Hot Pursuit*, la película que protagonizó y produjo, lo primero que hizo al saludarme fue preguntarme por mi hija. Como siempre desde que mi hija era pequeña y Sofía la invitaba a las fiestas de Manolo. Y eso siempre se lo voy a agradecer.

Más adelante, en la entrevista que le hice a Sofía para este libro, vas a enterarte de lo que la mantuvo firme en Hollywood mientras muchos se burlaban de su sueño.

El abrazo de JLo 18 años después

Haber trabajado con estas megaestrellas, antes y después de su éxito, es verdaderamente inspirador. Sobre todo porque te das cuenta de que las fórmulas con las que consiguieron el éxito son muy similares. A Jennifer Lopez, después de aquella llamada telefónica, la he visto varias veces. Y he notado la diferencia. Ahora llega siempre rodeada de un séquito (maquillista, peluquero, publicista, fotógrafa personal, mánager), y aunque su presencia impone cuando entra a un lugar, su dulzura y simpatía acaban robándose todos los corazones. Su equipo se encarga de cuidar hasta las fotos que se le toman. Una vez más: están pendientes hasta del menor detalle. La primera vez que trabajé con ella en aquel especial de televisión no nos dejaron empezar a grabar por culpa de un cabello fuera de lugar en su peinado. Cabello que su mánager mismo ubicó y colocó en el lugar correcto.

Recuerdo que ese día a ella no le pareció cómoda la silla que le teníamos lista para la entrevista y nos pidió buscar otra. Entendimos que quería estar más relajada y le agradecimos que se sintiera así cuando por fin conseguimos la silla apropiada... porque durante más de una hora habló ante las cámaras con el corazón en la mano. Nos confirmó que sí usa nombre falso para registrarse en los hoteles, que a Marc Anthony le gustaba comprar pollo frito después de sus conciertos, que siempre escucha consejos pero al final termina haciendo lo que siente que debe hacer.

La última vez que trabajé junto a ella me di cuenta de que, al igual que Thalía, Jennifer disfruta mucho lo que hace. Al final del *show* en vivo, cuando nos tomamos la foto de recuerdo, le agradecí que hubiera escrito su libro *True Love,* en el que confiesa que tuvo baja autoestima y recalca la importancia de amarnos a nosotros mismos.

En su libro dice que las mujeres casi nunca nos damos crédito por todo lo que somos capaces de conseguir y confiesa que al ser tan perfeccionista y ambiciosa en su vida, fue muy dura con ella misma por no sentirse suficientemente buena para hacer las cosas.

Por eso en sus conciertos siempre les repite a las mujeres que se amen y confíen en sí mismas.

"Estoy segura de que ayudaste a muchas mujeres", le dije mientras mirábamos la cámara que nos tomaba la foto. "Gracias, en nombre de todas las que no te lo pueden decir, por inspirarnos".

Jennifer, que estaba mirando de frente a la cámara, se volteó y me dio un fuerte abrazo que siempre recordaré.

"Gracias, gracias, gracias por decírmelo", me repitió con una sinceridad que siempre agradeceré. "No sabes las veces que dudé escribiéndolo, pero si logró ayudar a una sola persona, ya estoy satisfecha".

¿Y por qué tú no te quieres?

Nadie se imaginaría que una mujer tan inteligente, bella, exitosa y querida como Jennifer Lopez pudo sufrir alguna vez por no quererse lo suficiente y tener miedo de alejarse de situaciones que no la hacían feliz, de no perdonarse sus propios errores. Y le aplaudo mil veces que lo haya hecho público, porque estoy segura de que miles de mujeres anónimas se deben sentir igual que ella y eso les servirá para aprender a quererse mucho. Desafortunadamente, la baja autoestima es un mal muy común que nos aleja de la felicidad. La falta de amor por nosotras mismas es quizás la más dolorosa de las carencias.

Cuando permitimos que otros manejen nuestra vida, tomen decisiones por nosotros, no nos dejen vestir, hablar o pensar como queremos, estamos permitiendo que ese amor por nosotros mismos se escape. Sentir que tenemos la libertad para tomar las riendas de nuestro destino sintiendo que seremos capaces de llegar a la meta, de cumplir nuestros sueños, es la mejor manera de querernos. Sentir que solo nosotros somos responsables de nuestro éxito o de nuestro fracaso, y que nadie, absolutamente nadie, tiene el poder para hacernos sentir inferiores, gordos, flacos, feos, tontos o brutos, es la única forma de caminar feliz hacia el éxito. La baja autoestima hace que produzcas menos, no tengas confianza en nada de lo que haces y no obtengas satisfacción de tu trabajo.

....

Si mientras lees esto te identificas con todo eso y no sabes cómo cambiar esas circunstancias, te propongo que desde hoy mismo:

..... Escribe y coloca en un lugar visible una lista con las 5 cosas que más deseas tener en la vida. Pon una foto al lado, adórnala. Colócala en un lugar donde todos los días la puedas ver (yo la tengo en el baño y la veo todas las mañanas). Deja de buscar constantemente la aprobación de los demás. Enfócate en las cosas que puedas controlar.

..... Lleva un diario de todo lo bueno que te pasa en la vida y lo que tienes que agradecer. Desde amanecer con salud hasta poder respirar. Estoy segura de que día a día le irás añadiendo bendiciones. Una vez escuché a Oprah Winfrey decir que ella todas las noches le daba gracias a Dios por permitirle tener sábanas limpias... ¿Sábanas limpias? Sí, y desde ese día agregué una más a mi lista de agradecimientos (confieso que nunca antes me había detenido a pensar en lo afortunada que he sido de tenerlas).

..... ¡Perdónate! ¡Eso es tan importante en la vida! Si llevas la vida entera echándote culpas encima por los errores que has cometido, haz las paces contigo mismo. Este preciso instante, piensa que a partir de este momento estás cerrando un capítulo en tu vida, en el que los errores cometidos te dejaron una gran lección, pero que a partir de hoy comienzas otro en el que te permitirás comenzar de nuevo, libre de culpas y lleno de sabiduría. Un nuevo capítulo en el que equivocarte formará parte de la búsqueda de la fórmula del éxito pero no se convertirá en la cruz en la que te seguirás clavando hasta darte por vencido.

······ Haz una lista de todas tus fortalezas. De tus cualidades. De las cosas que haces mejor que nadie. Léela mil veces. Tú mismo te quedarás sorprendido.

Una de las mujeres a la que admiro profundamente es Sonia Sotomayor. Hija de un alcohólico que la dejó huérfana cuando tenía 9 años, la primera jueza hispana de la Corte Suprema de Justicia de Estados Unidos padeció diabetes desde niña y hoy aconseja:

"No dejes nunca que el miedo te paralice. Cuando te rindes, dejas de tener fe. Los fracasos son procesos de la vida. Seguir tratando es enriquecerte".

Sonia es suficientemente sincera para admitir que el miedo al fracaso es un fiel compañero en la carrera hacia el éxito. Y que incluso durante el proceso que la llevaría a la Corte Suprema hubo quien cuestionó su inteligencia y estuvo a punto de lograr que se echara para atrás por la presión que sintió. Gracias a un grupo de amigos que siempre la apoyaron, decidió no darse por vencida. Ella, que creció en un barrio pobre de Nueva York, tiene un consejo para todos los que nacieron en la pobreza:

"No es el barrio donde vives lo que te hace feliz; es como vives en él lo que te hace ser feliz".

Jenni Rivera, una gran cómplice

Vivir de cerca el proceso que lleva al éxito de alguien es un gran privilegio del que hay mucho que aprender. Los periodistas lo tenemos. Y es realmente curioso ver cómo aquel que un día no "nos servía" para un *show*, un mes después es a quien estamos rogando para que venga.

Todavía recuerdo cuando conocí a Jenni Rivera. Yo empezaba a producir *Escándalo TV* y el *show*, que era en vivo, estaba ese día más complicado que nunca. Atrasamos la hora de salida al aire de Jenni y salí personalmente a pedirle disculpas. Estaba sentada en un sofá afuera del estudio con su hijo pequeño al lado. Parecía más una mamá común y corriente que una cantante. De ella solo sabíamos que era hermana de Lupillo. Una Jenni extremadamente dulce y tímida me agradeció que le avisara del cambio de horario y se quedó quietecita en el sofá esperando su hora de salida.

Con el pasar de los años, Jenni Rivera se fue convirtiendo en nuestra cómplice de producción. Nuestro corresponsal en Los Ángeles me mandaba constantemente sus mensajes: "Jenni nos abre su casa en exclusiva", "Jenni nos da acceso exclusivo a su concierto", "Jenni nos va a dar entrevista a su llegada al aeropuerto"... Jenni supo cómo irse metiendo en el ojo del huracán y así, su vida, que era como un verdadero *reality show*, se convirtió en una necesidad para el televidente. A cambio, la popularidad de Jenni fue subiendo como la espuma. Jenni planeaba sus movidas. Creaba sus estrategias. Ella conocía su mercado y sabía que para ser la estrella del pueblo había que unirse al pueblo y brillar de cerca. Sabía que no era suficiente subirse a un escenario y cantar bonito.

A lo largo del camino, la propia Jenni decidió quitar a los intermediarios y escribirme directamente. Un día, ella misma nos pidió que le mandáramos a Charytín a su casa en California para hacerle una gran confesión. Se iba a sentar con su hermana Rosie y sus hijas, Chiquis y Jaquie. Frente a las cámaras, cada una de ellas iba relatando cómo el padre de Chiquis las había agredido sexualmente.

Aunque las acusaciones eran muy fuertes nunca dudé de sacarlas al aire. Primero, porque confirmé la necesidad que sentían de ser escuchadas. Una de las cosas que aprendí cuando estaba vinculada al *Show de Cristina* fue a entender por qué una persona se sienta frente a una cámara de televisión a hacer confesiones que quizás nunca le ha hecho ni a su mejor amigo. Entendí que se arman de valor y exponen su privacidad para que a otra persona no le ocurra lo mismo. Como si liberando el secreto del terror y la tristeza que vivieron lanzaran al aire el remedio para que esa poción venenosa no alcance a nadie más.

Meses después de que Jenni se sentó con sus hijas y su hermana y todas confesaron los abusos de que fueron víctimas, el abusador, José Trinidad Marín, el padre de Chiquis, fue a dar a la cárcel. Siempre tuve la sensación de que gracias a esa entrevista las heridas de todas comenzaron a sanar un poquito. Y eso me lo contó la propia Rosy hace poco, cuando me confirmó que todo el mundo le aconsejó a Jenni en aquella oportunidad que no diera esa entrevista. Sin embargo, Jenni estaba segura de que quería hablar con Charytín y contárselo todo.

"Después de esa entrevista, todas nos volvimos más valientes", me confesó Rosy.

Esa complicidad que Jenni tenía con los medios y el gran talento que tenía para cantar, hizo que su popularidad siguiera creciendo, y la "Diva de la Banda" se convirtió en la número uno. Aunque no éramos amigas, manteníamos muy buena relación. Me contestaba al segundo cada vez que le escribía, así se acabara de bajar de un escenario. Me invitó a su boda con Esteban Loaiza (a la que no pude asistir) y era tan especial que hasta me escribió durante su luna de miel diciéndome que le hubiera encantado haberme visto en la boda.

Su muerte, como a todos sus fanáticos, me dolió mucho. Recuerdo que yo venía de Orlando, de grabar un especial en Disneyworld, cuando recibí una llamada diciéndome que el avión estaba desaparecido y que la estaban esperando para la grabación de *La Voz México*. Los rumores comenzaron a aumentar y nadie daba esperanzas. Ese mismo domingo, nos reunimos en nuestras oficinas de producción para planear la cobertura, y a partir de ese momento todo fue dolor. La desaparición del avión, la manera en que encontraron los cuerpos, el dolor de sus hijos y los desgarradores mensajes que subían a las redes. Cubrir la noticia fue realmente triste. Creo que, al igual que todos sus fans, me resultaba casi imposible creerlo. Me parecía mentira que esa mujer, que era todo vitalidad, éxito, fuerza, estuviera muerta. Que todo se hubiera acabado en un segundo. Planeé la triste cobertura con la misma pasión con que siempre cubrí todo lo que Jenni protagonizaba. Solo que esta vez no hubo ese *"Thank you, girl!"* que siempre me mandaba.

En esos momentos es cuando te das cuenta de que la vida te cambia en un segundo y que de nada vale vivir en luchas constantes. Jenni defendió su vida como gata boca arriba y a todos nos dejó muy claro que hay que ser valientes. Pero cuando nos enteramos de que se había muerto sin hablarle a su hija mayor, el dolor nos encogió el corazón.

Desde el cielo, yo creo que Jenni Rivera nos envió otra gran lección: esos procesos amargos y esas peleas, que son muy comunes en las familias, hay que resolverlos dejando el orgullo a un lado, pidiendo perdón y viviendo en paz. Porque de lo único que nunca podremos ser dueños es del tiempo.

Y nunca se sabe cuándo será nuestra última vez.

SÚBELO A LAS REDES

"Ponle a todo tu mayor esfuerzo y dedicación, nunca sabes a dónde te va a llevar ese escalón que estás construyendo".

"Las barreras las pones tú en tu mente y el miedo es el peor enemigo de los sueños. Trata de no complacer al miedo".

"Sentir que tenemos libertad para tomar las riendas de nuestro destino sintiendo que seremos capaces de llegar a la meta, de cumplir nuestros sueños, es la mejor manera de querernos".

"Sentir que solo nosotros somos responsables de nuestro éxito o de nuestro fracaso y que nadie, absolutamente nadie, tiene el poder para hacernos sentir inferiores, gordos, flacos, feos, tontos o brutos, es la única forma de caminar feliz hacia el éxito".

"Lee libros que te limpien el alma. Estudia. No permitas que nadie te haga creer que no sirves. Tú vales mucho. Y repítelo cada vez que sientas miedo".

"Escribe un nuevo capítulo en el que equivocarte formará parte de la búsqueda de la fórmula del éxito pero no se convertirá en la cruz en la que te seguirás clavando hasta darte por vencido".

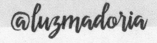
@luzmadoria

CAPÍTULO 4

EL SECRETO
DE PRODUCIR
(INCLUSO
LA FELICIDAD)

Mi vida como directora de revista se derrumbó seis días después del brutal ataque a las Torres Gemelas de Nueva York. Fue el domingo 16 de septiembre de 2001. Había pasado toda la tarde en casa de mi amiga Meli, jugando con nuestras hijas, y cuando llegué a mi casa, mi esposo me recibió con esto:

"Te llamó Cristina. Dice que es urgente, que le devuelvas la llamada".

A pesar de que Cristina siempre fue una jefa muy exigente, no era común que me buscara en domingo. Me preocupó la urgencia e inmediatamente le devolví la llamada. Desde que me contestó, la sentí muy rara.

"Te llamé para que no puedas dormir tranquila esta noche", me dijo muy seria. "Esta revista que me has mandado no sirve. Es una mierda. Hay que cambiarla toda. Si esto sale a la venta así vas a destruir mi carrera".

Esa frase, después de casi 10 años de ser la directora de su revista y su hija postiza, como siempre me ha llamado, me cruzó el corazón como si fuera una bala y me lo dejó herido de muerte. A pesar de mi sorpresa, mantuve la calma y le expliqué que a las pruebas de imprenta de la revista en la que celebrábamos nuestro décimo aniversario le faltaban muchas páginas. La tragedia del 11 de septiembre había coincidido con la fecha de cierre y como la revista saldría a la venta a finales de octubre, yo había tenido que actualizar el contenido.

Para ir adelantando, le había estado enviado las secciones fijas para su aprobación. Le expliqué que faltaban páginas que estaban en proceso y que habíamos hecho, por ejemplo, que una decena de famosos escribieran un mensaje de paz para el mundo. Cristina estaba tan molesta que no me entendía. O parecía no entenderme. En su voz había una rabia que no era normal en ella.

"Mejor mañana hablamos en persona", le dije yo con una calma que hasta a mí me asustaba.

"Te espero a la 1 en mi casa", me respondió tajante. "Esto hay que arreglarlo ya. En un mes tenemos que presentarle esta revista a los anunciantes en Nueva York y yo no voy a pasar una vergüenza".

Desde que colgué supe que esa cita a la 1 de la tarde sería para entregarle a Cristina Saralegui mi renuncia.

"Mañana voy a renunciar", le dije a mi esposo, quien sin ni siquiera preguntarme el motivo me respondió tranquilamente:

"Sabes que yo te voy a apoyar siempre en cualquier decisión que tomes". Después de contarle punto por punto mi conversación con mi jefa y mentora, me acosté a dormir llorando y convencida de que al día siguiente se debía terminar el ciclo que hasta hoy considero mi mejor universidad.

La Universidad Saralegui.

El valor que se necesita para saber cuándo hay que irse

Al día siguiente, el lunes más valiente de mi vida, llegué a la casa de Cristina en Miami Beach y ella me recibió como nunca antes lo había hecho. Maquillada y muy elegante (nuestras reuniones podían ser en pijama, sin maquillaje y en la oficina que tenía al lado de su cama).

Pero esta vez, en vez de hacerme subir a su despacho, me hizo pasar a la elegante sala de visitas con vista a la bahía de Miami.

Esa mañana ya le había comentado a mi equipo de la revista que iba a renunciar. Siempre he pensado que cuando estás en una posición de liderazgo debes ser completamente honesta con la gente que trabaja contigo. El grupo que hacía posible *Cristina, la revista* no entendía como yo, siempre tan calmada, positiva y conciliadora, iba a renunciar a mi trabajo de 10 años por una conversación subida de tono con una jefa que solo me había dado cosas buenas.

Yo estaba perfectamente segura de que para muchos era una mala agradecida. Pero no me importaba. También sabía que no me merecía ese trato. Aunque fuera la primera vez que me lo daba.

En ese momento yo solo sabía que el ciclo había terminado y, aunque estaba profundamente triste, sabía también que estaba tomando la decisión más valiente, hasta ese momento, de mi vida profesional. Hoy, muchos años después, tengo muy claro que renuncié porque no quería amenazas, ni que nadie sembrara terror en mi vida profesional. Y se lo expliqué muy claramente a Cristina cuando la tuve enfrente. Me parecía insólito que en un momento en que el mundo entero lloraba a las víctimas del 9/11 yo estuviera aterrorizada por algo que no había hecho.

"Si después de más de 10 años trabajando juntas tú piensas que yo puedo destruir tu carrera, creo que no queda la menor duda de que debo renunciar a mi cargo. Termino esta edición y me voy. Con gusto entreno a quien le des el puesto", le dije. Cristina, con esa rapidez mental que siempre ha tenido, me contestó:

"Debe ser muy difícil para ti haberte convertido en Cristina Saralegui".

Para mí no fue difícil aprender a pensar y a escribir como ella. Más bien fue un honor, y en ese momento se lo dije. Un privilegio que toda mi vida le voy a agradecer y que a medida que fui celebrando cumpleaños y haciendo balances, siempre fue quedando en los primeros lugares de mi lista de agradecimientos a la vida. Durante el tiempo que trabajamos juntas, Cristina fue más que mi jefa. Fue mi maestra, mi mentora, la guía profesional que cualquier persona quisiera tener. La primera vez que me cedió el privilegio de "ser ella" fue cuando me pidió que escribiera su columna en *Cosmopolitan*. Poco a poco me fui involucrando tanto en su carrera que hasta tuve el honor de colaborar como escritora de parte de su primer libro *Confidencias de una rubia*. Mi trabajo, además de dirigir su revista, era escribir sus programas de radio. Me había entrenado para escribir como ella, y ya yo sabía pensar como Cristina.

Junto a ella entré a las oficinas de los poderosos, vi nacer estrellas, aprendí a conocer a la comunidad hispana de Estados Unidos y fui testigo de la época dorada de la televisión en español en este país. Conocí junto a ella a los personajes más populares porque con ella "hablaban" todas las portadas, todos los que eran noticia. Ella me sensibilizó ante el sida y también ante cualquier tipo de abuso. Me enseñó a respetar la orientación sexual de cada persona y a hacer cadenas de bondad. Con ella aprendí que la gente cuenta sus problemas para que a otros no les suceda lo mismo. Ella fue la primera mujer que me enseñó que las mujeres profesionales deben apoyarse desinteresadamente y compartir las fórmulas que les funcionan en la vida. Ella me enseñó que cuando el universo te regala algo, tú tienes el deber de regalar algo más para que esa cadena de generosidad crezca en el mundo. Yo he sido testigo de toda su gloria. Pero ese domingo en que ella amaneció de muy mal genio y ese lunes en que yo amanecí muy valiente, desperté también completamente segura de que debía ponerle punto final a nuestra historia.

En aquel momento no tenía la menor idea de lo que haría con mi vida. En la última reunión después de mi renuncia, le dimos los últimos toques a la revista de aniversario y yo le dejé muy claro que al momento del cierre le entregaría mi cargo a quien ella decidiera.

Nunca me pidió que me quedara.

Decidimos que ella estaría en la portada de aniversario, vistiendo una guayabera y con la bandera de Estados Unidos.

"¿Quién me va entrevistar?", me preguntó.

"Le voy a pedir a Jorge Ramos que lo haga y escriba la entrevista", le contesté (y es que siempre soñé con que Jorge la entrevistara para *Cristina, la revista*).

"No. Quiero que esa entrevista la hagas y la escribas tú. No hay un periodista que me conozca mejor".

Cristina sabía que no había vuelta atrás y que esa entrevista sería mi despedida.

Si el estómago se te retuerce, vas por buen camino

En vez de entrevistarla, escribí una crónica titulada *Una jefa que no se parece a nada*, en la que contaba en primera persona cómo era tener de jefa a la periodista más famosa de la televisión.

Dos semanas después, y con la revista rumbo a la imprenta, recibí una llamada de Cristina a mi oficina.

"Cabrona, me hiciste llorar", me dijo.

"La escribí con el corazón", le respondí.

Ese mismo día me pidió que hiciera con ella un último viaje a Nueva York para presentar la revista a los anunciantes. Decidí irme en tren, y en las 24 horas de recorrido puse mis pensamientos en orden. En ese viaje en solitario entendí que siempre hay que hacerle caso al corazón y que está permitido usarlo a la hora de tomar una decisión. Aprendí que las decisiones en las que te juegas tu destino deben ser una mezcla del cerebro, el corazón y el estómago.

Si sientes miedo, si el estómago se te retuerce, si el cerebro te empuja a que sigas adelante y el corazón de pronto te avisa que lo pienses más y te desvía, quiere decir que vas por buen camino. Es normal sentir temor a lo desconocido. Cuando sentimos que tomamos con fuerza, y con las dos manos, el timón que guía el rumbo de nuestras vidas es cuando más pensamientos raros cruzarán nuestro cerebro y aparecerá un ejército de diablitos saboteadores que te aconsejarán que te arrepientas, que no te muevas de donde estás. Pero no se te olvide que en ese momento también hay que permitirle al ejército de angelitos que salgan a redoblar la fe en nosotros mismos. Hoy, muchos años después, le doy gracias a Dios por haberme permitido ser valiente. Porque si yo no hubiera renunciado ese lunes a mi trabajo, me hubiera negado a mi misma el regalo más grande que le he dado a mi carrera: valorarme como profesional y tomar decisiones basadas en la necesidad de lograr mis propios sueños.

Y sobre todo a no darme por vencida nunca.

Lo que la misma Cristina siempre me enseñó.

Pero la cosa no fue fácil...

Hubo gente que me retiró el saludo. Y es que ya yo no trabajaba con Cristina. Hubo otras que ya no me respondían el teléfono. Y hubo quien me dijo: "Las cosas ya no van a ser tan fáciles para ti. Ya no perteneces al equipo de Cristina".

La misma Cristina me lo advirtió en una de nuestras últimas reuniones: "Ya no tendrás la seguridad que has tenido hasta ahora. Te vas a meter a una cueva con tiburones".

"Voy a aprender a nadar con ellos", le dije. "Para poder algún día enseñárselo a mi hija".

Si me preguntan si lo volvería a hacer hoy, contestaría que sí. Tomaría la misma decisión. Sin embargo, tengo que reconocer que actué movida por la pasión, y no pensé en nada más que en no dejarme acorralar nunca más por nadie.

Si piensas renunciar a tu trabajo y no te atreves, primero debes estudiar la situación y tomar en cuenta lo siguiente:

- ¿Cuál es la razón exacta por la que quieres renunciar? ¿Tienes demasiado trabajo? ¿Te caen mal los compañeros de trabajo? Esas no son buenas razones. Quizás en el próximo te den más responsabilidades y las personas sean más problemáticas. Habla con tu jefe y pídele ayuda, nunca en forma de queja, sino explicándole que quieres ser más proactivo.

- Si la razón por la que quieres renunciar es que no eres feliz haciendo lo que haces, entonces te aconsejo que primero analices qué es lo que quieres hacer, busques esas oportunidades, averigües cuál es el salario y, cuando tengas algo asegurado, entonces renuncia.

- Ahora bien, si por la mañana no quieres ir a trabajar, si sientes que el que se sienta en ese cubículo no eres tú, si crees que puedes dar mucho más de lo que estás dando, si tu jefe no te respeta lo suficiente, si el estrés te esta causando problemas físicos o si en otro lugar pagan mucho más por lo que tú haces, entonces significa que debes hacer un cambio en tu vida.

····· Otra de las posibilidades de cambio es indagar dentro de la misma empresa. Estar atento a las vacantes que se abren y hacer tu solicitud. Pero no se te olvide hablar primero con tu jefe para dejárselo saber.

····· Una de las primeras cosas que hice al renunciar fue ir a hablar con el presidente de la editorial para expresarle que estaba abierta a seguir trabajando en la misma empresa. Él, claramente sorprendido, trató de impedir que dejara la revista pero me prometió que tendría trabajo en otra.

····· Si vas a renunciar no hables mal de nadie. Ni de la compañía. El mundo corporativo es más pequeño de lo que te imaginas, y hablar mal de los que se quedan puede ser hablar mal de los mismos que te puedes encontrar en tu nuevo trabajo. Siempre enfócate en lo positivo que hiciste, en lo que aprendiste.

····· Siempre da dos semanas de preaviso y deja todo en orden. Ofrece la posibilidad de entrenar a la persona que ocupará tu posición.

Yo tuve suficiente tiempo para pensar en mi decisión cuando tomé el tren de Miami a Nueva York para acompañar a Cristina. En ese vagón, sola durante las 24 horas de viaje, pensé en mi futuro. Despejé mi mente. Nunca olvidaré esa llegada a Nueva York sin ver las Torres Gemelas... La ciudad no era igual.

Yo tampoco.

Esa noche, caminé por la ciudad sintiendo su tristeza. Por todas partes había fotos de desaparecidos. Por todas partes se sentía el luto. El dolor. Era una ciudad en silencio.

Al día siguiente me encontré con Cristina en la presentación de la revista a los anunciantes. Ella dio un discurso muy bonito en el que alabó mi trabajo. A mi lado estaba precisamente el presidente de la editorial, quien me miraba asombrado pensando que nos habíamos reconciliado laboralmente y que yo me había arrepentido de renunciar.

"¿Ya no te vas?", me preguntó.

"La decisión está tomada", le respondí. "Llegando a Miami empezamos a entrenar a la nueva directora".

Algo me decía que el ciclo se había cumplido y que era hora de reinventarme. Como ya dije, el proceso había empezado cinco días después del derrumbe de las Torres Gemelas, y justo ese día a Cristina la habían invitado a hacer un recorrido por la Zona Cero. Podían entrar pocas personas con ella y quiso que una fuera yo. Después del almuerzo de presentación de la revista (que, gracias a Dios, fue todo un éxito), fuimos a la oficina del alcalde de Nueva York y de allí nos llevaron a la zona del desastre.

Aún estaban sacando cuerpos.

Ahí, en medio de la tragedia que más me ha impactado, solo pude ponerme a rezar por esas almas llenas de odio que permitieron que eso sucediera. Por las víctimas. Por las familias de unos y de otros.

Los voluntarios latinos, en medio de un silencio sepulcral, reconocían a Cristina y la abrazaban.

Ese recorrido por la Zona Cero era simbólico. Era la última vez que caminaba junto a ella como directora de su revista. Ver ese lugar desolado, como solo lo había visto en las películas, me daba más valor para asegurarme de que no había vuelta atrás en la decisión tomada. Aún recuerdo ese olor indescriptible que quedó pegado a la chaqueta negra que llevaba puesta y que tiré a la basura al regresar a mi casa.

Ese día, Cristina y yo nos despedimos con un beso. Nunca tocamos el tema de mi renuncia.

Yo tomaría el tren de vuelta a Miami sin saber que al día siguiente una llamada telefónica le daría otra vuelta a mi destino.

Y empezó la nueva aventura

Al día siguiente de llegar de Nueva York me llamó un buen amigo que había sido productor general del *Show de Cristina*, Ronald Day, para pedirme el teléfono de una amiga mía. Se lo di y le pregunté para qué la quería.

"Voy a hacer un nuevo *show* y estoy haciendo un *casting*", me explicó, e inmediatamente le dije convencida: "Yo quiero trabajar en ese *show*".

Me preguntó si estaba segura de querer dar el salto a la televisión y le dije que sí.

"¿Estás segura de que no te vas a arrepentir de haber renunciado a todo lo que significa Cristina?".

"Completamente segura". Esa misma noche, al llegar a mi casa, encontré un mensaje suyo en mi contestadora que decía:

"Hola, Luzma. Te llamo para felicitarte y contarte que eres la nueva productora ejecutiva de *Escándalo TV*".

En ese momento terminaba mi ciclo de papel y comenzaba mi historia de amor con el video. A pesar de haber trabajado con Cristina, nunca me había interesado el mundo de la televisión. No conocía bien su lenguaje técnico. Siempre pensé que podría empezar como escritora, pero nunca como productora ejecutiva.

Una vez más me descubrí poniéndome trabas. Jugando a predecir el destino sin pensar que el destino se divierte sorprendiéndonos.

"Vas a ser productora ejecutiva y vas a aprenderlo todo", me dijo Ronald. "Tienes creatividad y criterio. Por eso te estamos contratando. Lo demás lo aprendes rápido".

Esto te lo cuento para que no sientas miedo de atreverte a reinventarte si algún día tienes la oportunidad de dar un salto a lo desconocido. Te lo repito: el valor de tomar una decisión sucede en ese instante mágico que cambiará tu destino. Yo me lancé a mi nueva aventura con la misma pasión que me entregué al mundo impreso pero sabiendo que empezaba de cero y que esta vez no había un nombre importante y reconocido que me apoyara.

Esta vez, lo confieso, había ilusión revuelta con temor. Con mucho temor.

Yo no sabía qué era un *rundown* (el mapa de un *show*) ni cómo se leía. Nunca en mi vida, ni por curiosidad, había estado metida en una cabina de edición. En menos de un mes organizamos el equipo y grabamos un programa piloto que le presentamos al presidente de la compañía.

"Luzma, el piloto fue todo un éxito. ¡Tenemos *show*!", me dijo Ronald por teléfono.

"¿Cómo que tenemos *show*?", le dije. "¿Es que acaso hubiéramos podido no tenerlo?".

En televisión hay cientos de *shows* que no pasan de un programa piloto que es rechazado. Mi poca experiencia hizo que yo desconociera ese detalle y quizás por eso nunca me preocupé de que no lo aceptaran. Yo lo hice convencida de que era la primera prueba pero nunca me pasó por la cabeza que podía no tener el trabajo.

Un mes después, estrenábamos *Escándalo TV* en TeleFutura.

A diferencia de 10 años antes, cuando lo que me hacía más ilusión era trabajar con Cristina, esta vez lo que más me llenaba de orgullo era que me había llegado la hora de aplicar lo aprendido. Por primera vez en mi carrera dependía de mis propios deseos. El valor que sentí me convenció de que estaba apresurando mi camino hacia el éxito.

Me sentía libre y que estaba escribiendo mi destino con mi puño y letra.

Comenzar en una nueva cadena de televisión en español fue un viento a mi favor. TeleFutura nos permitió innovar y hacer cosas que no eran comunes en la televisión en vivo. Siempre nos sentimos los número uno (aunque fuéramos los segundos, ya que Univision, la hermana mayor, siempre ha sido la número uno) y poco a poco *Escándalo TV* se fue metiendo en el corazón del público y de los artistas.

Con poco presupuesto, pero con gran creatividad, pasión y ganas el show se fue dando a conocer y se convirtió en el favorito. Hacíamos tres horas en vivo. Charytín, esa gran *show woman* dominicana, nos llenaba a todos de energía.

Una de las primeras invitadas que tuvo *Escándalo TV* fue Cristina

Saralegui. Me dio mucho orgullo que nos visitara. Para mí era la maestra visitando a la alumna. A pesar de que yo había renunciando a ser la directora de su revista, mi intención y mi ilusión fue siempre que Cristina continuara siendo mi mentora. Sin embargo, ese sueño sí no lo pude hacer realidad. Los chismosos y mal intencionados se encargaron de hacerlo imposible. En los programas de radio de chismes me llamaban traidora. Mi renuncia, en vez de ser un reflejo de mi deseo de seguir superándome, se convirtió de pronto en la historia de una traidora. Y la traidora era yo. Desde su oficina llegaban frases que me herían.

Por eso preferí separarme de ella y de todo lo que tuviera que ver con su entorno porque no quería ni chismes ni negatividad en mi vida. Mi nueva etapa estaría libre de toxinas mentales.

En diciembre, un año después de mi renuncia, coincidimos Cristina y yo en la fiesta navideña de la empresa, y cuando vi que se me acercó a abrazarme, recuerdo que pensé: "Tengo dos opciones: actuar como si nada hubiera pasado o decirle exactamente lo que pienso de toda la situación". Me armé de valor otra vez para decirle que estaba muy dolida por todos los chismes que habían surgido después de mi renuncia. Comenzamos a discutir y ahí mismo, con un Papá Noel gigante como testigo, le dije que era mejor que no mantuviéramos ninguna relación para evitar tantos dimes y diretes. Le expresé claramente mi dolor de que aquella hija postiza se hubiera convertido de pronto en una traidora. Ella, visiblemente molesta, me dio la mano para sellar nuestra separación. Solo dos amigos, Pablo Grosby, dueño de la agencia de prensa Grosby Group, y Juan Manuel Cortés, en ese momento director de *TVyNovelas*, fueron las únicas personas que intercedieron para que Cristina y yo hiciéramos las paces. Pero yo preferí dejar las cosas como estaban y no volver atrás.

El principio no fue fácil. Y esto te lo cuento para que lo recuerdes cuando comiences cualquier proyecto. Todos los que trabajamos en *Escándalo TV* habíamos comenzado ese proyecto de cero el mismo día, sin conocernos, en una cadena que no existía, con la presión de que sería el único *show* en vivo de la cadena y nosotros los encargados de ir dibujando sus facciones.

¿Qué me dio resultado en ese momento para no perder la calma?

····· Nunca darme por vencida. Pensar que era el proceso natural de algo que se estaba creando. Entregarme al 100 por ciento. No descuidar ni el más mínimo detalle. En aquella ocasión, a pesar de que soy muy comelona, bajé unas 15 libras porque, para ganar tiempo, me llevaba un sándwich que me comía en medio de las reuniones.

····· Entrenar a mi equipo. Ser muy clara explicándoles los resultados que queríamos obtener. Meterme de lleno a aprender los procesos técnicos.

····· Mi productora general, Vera Castillo, una gran mujer, se convirtió en mi mano derecha y me enseñó los caminos técnicos de la televisión.

····· Aprendí a editar y a escribir para televisión. Aprendí cómo se debe dirigir. Estaba segura de que como jefa no podía exigir efectividad en los procesos si yo misma no los conocía.

Aunque estoy completamente de acuerdo con mi admirada Arianna Hufftington cuando dice en su libro *Redefine el éxito* (*Thrive*), que para conseguir el éxito hay que dormir lo suficiente, también sé que hay momentos en que debes caminar una milla extra y dormir una hora menos. Los inicios siempre son difíciles, exigen sacrificio.

Si algo debes tener presente cuando piensas que ya no das más es que lo que sigue es el éxito, y no puedes darte por vencido.

A Oprah Winfrey le dijeron que nunca iba a triunfar en televisión.

A Steve Jobs lo despidieron de su empleo.

A Walt Disney le dijeron que no era creativo y lo despidieron por falta de imaginación.

A Shakira la rechazaron del coro del colegio por chillona.

A Elvis Presley le dijeron que regresara a manejar camiones porque cantar no era lo suyo.

A Thomas Edison lo echaron de un trabajo porque se la pasaba haciendo experimentos.

A Lady Gaga la sacaron de una disquera a los tres meses de haberla firmado.

A Albert Einstein lo expulsaron del colegio.

A Lucille Ball sus profesores de actuación le aconsejaron que se dedicara a otra cosa.

A Steven Spielberg lo rechazaron tres veces de la escuela de cine, teatro y televisión.

A Michael Jordan lo sacaron del equipo de baloncesto del colegio.

A Paulo Coelho le dijeron que *El Alquimista* no se iba a vender bien. Ha vendido más de 65 millones de copias.

Elizabeth Gilbert, la autora del éxito de ventas *Come, reza, ama* (*Eat, Pray, Love*) fue mesera.

Ninguno de estos triunfadores tiró la toalla.

Te lo cuento para que cuando pienses que ya no das más y que no vas a ser capaz de continuar, te acuerdes de ellos.

El fracaso es mejor consejero que el éxito. En esos momentos en que dudas que vas a llegar a la meta es cuando más tienes que aferrarte a tu sueño. Si algo he aprendido en la vida es que todo pasa. A esos momentos en que creemos que todo lo tenemos en contra, que no vamos a poder triunfar, yo los llamo los momentos en que Dios nos está cincelando el alma.

Nos está puliendo y purificando.

Está probando de qué material nos hizo. Por eso hay que aguantar las turbulencias. Estoy segura de que los milagros siempre ocurren después de ese momento en que uno piensa que llegó al final de sus fuerzas y quiere renunciar a sus sueños. Siempre he creído mucho en las señales. Ahora que miro atrás me doy perfecta cuenta de que siempre he ido detrás de ellas. Hoy en día son cada vez más frecuentes. Como si la vida ya me hubiera entrenado para encontrarlas. Cuando leí esto que dijo en un discurso Steve Jobs en una ceremonia de graduación de la Universidad de Stanford, comprendí muchas cosas de mi vida: "No se deben unir los puntos mirando hacia delante, se pueden unir únicamente mirando hacia atrás. Así que deben confiar en que los puntos se unirán en el futuro. Deben confiar en algo, en sus agallas, el destino, la vida, el karma, lo que sea. Ese enfoque no me ha traicionado nunca y marcó toda la diferencia en mi vida".

Leyendo eso entendí y vi claramente cómo se unían los puntos de mi vida de atrás hacia delante. Al renunciar al mundo de la comunicación impresa, conseguí trabajo inmediatamente en la televisión. Y a partir de ese momento, haciendo un *show* diario de tres horas en vivo en televisión, aprendí también que en la vida hasta la felicidad hay que producirla.

Analiza: ¿provocas tú que las cosas sucedan?

Ser productora de televisión me ha enseñado a producir mi vida. Y hacer televisión en vivo me ha enseñado a tomar decisiones sin perder tiempo.

Llevo 14 años haciendo televisión en vivo. Mientras escribo este libro produzco 20 horas de televisión a la semana.

Cuando haces televisión en vivo, aprendes a valorar el tiempo. Entiendes que un minuto es eterno cuando no hay contenido y que cinco son muy pocos cuando estás bien preparado. La televisión en vivo te enseña a tener plan A, B y C. Porque de pronto eso que preparaste muy bien puede desbaratarse dos minutos antes de salir al aire porque no aparece el invitado o ese invitado al que pensaste darle tres minutos hoy decidió romper en llanto y revelar un secreto. Entonces hay que dejarlo al aire el tiempo que merece, cambiar de planes y ajustar los tiempos de otra manera.

El que hace televisión en vivo tiene que ser flexible, habilidoso, paciente y creativo.

Tiene que usar sus emociones para permitirle al televidente que saque las suyas.

En la televisión en vivo no hay dos días iguales.

Y en la vida tampoco. El tren de vida que llevo me ha conducido a aplicar el gran principio por el que rijo mi existencia: que en la vida, como en la televisión, hay que hacer que las cosas sucedan.

Mandar ese *email*.

Hacer esa llamada.

Tocar esa puerta.

Hacer ese viaje.

Pedir ese favor.

ATREVERSE.

En la televisión, como en la vida, si no haces nada, no pasa nada.

A mi grupo siempre le repito: aquí lo único que no puede pasar es que no pase nada.

En la televisión lo más importante es la audiencia. La gente que sintoniza tu programa. A ellos debes darles lo que les gusta. Tratarlos bien. Empoderarlos. Entretenerlos.

En tu vida, tu audiencia es la gente que te quiere, y con ellos hay que hacer lo mismo. Cuántas veces nos olvidamos de llamar a nuestros padres porque estamos trabajando. Cuántos matrimonios se han acabado porque uno de los dos se dedica solamente al trabajo y descuida a su pareja.

Trabajando en televisión aprendes que la curiosidad debe ser constante. No puedes dejar de sorprenderte tú ni dejar de sorprender al televidente.

La televisión no puede ser predecible. La vida tampoco.

Tienes que salir de la rutina con tu pareja, con tus amigos.

En televisión hay que mantenerse tranquilo aunque estés constantemente bajo presión.

En televisión hay que mantener la mente y el corazón calientes, pero la cabeza fría. Como en la vida. Nunca te debe faltar ni la pasión ni la alegría. En la televisión, como en la vida, siempre hay que tomar riesgos y siempre, siempre, hay que tener un plan.

Y esto me lleva a una pregunta:

¿Tú eres de los que hace que las cosas sucedan o de los que se quedan esperando a que ocurran?

Permíteme decirte lo que le he repetido a mi propia hija desde que nació: tú eres el escritor de tu destino. Tú eres el productor de tu vida. Tú y nadie más que tú debe permitir lo que suceda en ella.

En mi familia se ríen mucho de mí porque siempre los invito a construir recuerdos. "Vamos a construir recuerdos", es una de mis frases favoritas cada vez que estamos juntos. Cuántos domingos has visto a cada uno de los miembros de tu familia navegando por el mar de las redes sociales, sin hablarse entre ustedes. Y así pasan los años, los hijos crecen, se van de la casa y un buen día te das cuenta de que todo pasó mientras tú supuestamente planeabas tu vida. Repito: hay que construir recuerdos. Constantemente.

Hay que salir a hacer que las cosas sucedan.

Un gran productor del que recibí clases en la Universidad de Cambridge explicaba que en televisión hasta los silencios tenían que ser preproducidos. Esos 10 segundos en el que esperas, por ejemplo, una decisión en un concurso o una noticia en una telenovela, está planeado para que se te agilicen los latidos del corazón y te comas las uñas. Así comparo yo la preproducción de la vida: planea situaciones que hagan más feliz a la gente que quieres, invéntate un picnic en un parque, reúne a la familia un domingo y organiza un juego en el que todos se digan lo que más agradecen y admiran de los demás. Yo lo hice una vez con mi familia en un crucero y te juro que fue muuuuy divertido. Lamentablemente, parecemos mejor entrenados para decir lo que no nos gusta de la vida en vez de lo que realmente nos gusta.

Todo esto te lo cuento porque cuando llegamos al trabajo debemos llegar recargados de energía positiva. Una vida personal llena de recovecos oscuros va a dejar huella negativa en tu trabajo, aunque este sea tu mejor desahogo y mayor complemento.

Cuentan que durante una visita a la NASA en 1962, el presidente John F. Kennedy vio a un empleado de la limpieza con una escoba y le dijo:

"Hola. Soy John Kennedy. ¿Qué está haciendo?".

Y el hombre le contestó:

"Bueno, señor presidente, estoy ayudando a poner un hombre en la luna".

El empleado de la limpieza estaba convencido de que su trabajo limpiando las instalaciones de la NASA era vital para llevar un hombre a la luna. Para que él fuera parte también de la historia.

Y esas personas son las que triunfan. Las que sienten que son parte del éxito de un equipo. Las que trabajan felices.

Mientras más feliz eres en tu vida personal, más felicidad podrás compartir con quienes pasas como mínimo ocho horas diariamente.

Desafortunadamente, no todos somos como ese hombre de la NASA. Hay personas que viven programadas para ser negativas, para armar problemas por todo y hasta para ser portavoces de las malas noticias (conozco varios).

Son las que ven el lado malo de todo. Las que no gozan los éxitos porque en todas partes ven amenazas de fracaso.

A esas personas hay que neutralizarlas con nuestra felicidad. Mientras más satisfecho estés con tu vida, más tolerante y compasivo serás con la vida de los otros. Cada día me convenzo más de que el gran propósito de todo ser humano es aprender a ser feliz. Una de mis frases favoritas está escrita en el libro *La ley de la divina compensación* (*The Law of Divine Compensation*), de Marianne Williamson:

"Nuestra alma es Cenicienta. El ego es la madrastra embrujada y el Espíritu Santo es el hada madrina. El hada madrina no se le apareció a las hermanastras ni a la madrastra porque tenían malos pensamientos".

¿Te quedó claro? Prohibido llenar de negatividad tu vida.

Si estás amargado, pensando en hacer maldades, lleno de rencor, resentimiento y rabia no se te presentará nunca un hada madrina.

Espero que a partir de esta línea sepas lo que hay que hacer para que muy pronto te presten la varita mágica.

¿Cómo se convierte uno en lo que sueña?

Una buen manera de convertirte en lo que sueñas es preguntarte: si hoy fuera el último día de tu vida, ¿qué te arrepentirías de no haber hecho?

Si contestas sinceramente esa pregunta, estoy segura de que desarrollarás tu verdadera pasión.

Tengo que confesar que durante los primeros meses en la televisión me sentía muy feliz con el desarrollo positivo del proyecto. *Escándalo TV* era un *show* de diversión, música, humor y chismes. La dirección que había tomado mi carrera era la que yo quería que tomara y había valido la pena atreverme a dar el salto al vacío. Las noticias de farándula me entretenían y, como siempre he estado enterada de la vida de los famosos, fue fácil desarrollar el plan. Sin embargo, alejarme de la línea editorial de ayuda que *Cristina, la revista* me brindaba como periodista, me agobiaba un poco a veces.

Me hacía sentir que mi trabajo no tenía la misión que yo quería: ayudar. Servir.

Todo eso se acabó un miércoles en el que recibí una llamada de mi mamá diciéndome que mi esposo tenía un fuerte dolor abdominal. Salí de la oficina directo al hospital donde una apendicitis complicada nos tuvo viviendo allí más de una semana. Durante ese tiempo, mientras caminaba por los blancos e interminables pasillos del hospital, me di cuenta de que a las 11 de la mañana había muchos televisores encendidos en cuartos de enfermos solitarios y que la gran mayoría sintonizaba nuestro programa que era, sin duda, una ventana abierta a la alegría.

En esa semana entendí que el propósito de nuestro trabajo en ese momento era divertir y entretener. Nada más que eso. Ver la cara sonriente de los enfermos era mi recompensa.

Recuerdo que al regresar a la oficina le comenté al grupo (por si a alguno, como a mí, le quedaba la duda) que la televisión, además de empoderar, ayudar e informar, debe tener la gran misión de entretener.

Una de las cosas que más disfruto hacer en mi trabajo es conocer a nuestra audiencia. Una vez, un fan de uno de mis *shows* me confesó que se había arrepentido de suicidarse gracias a uno de nuestros programas. "Ustedes me hicieron sentir un día como si fueran familia. Me hicieron sentir en la soledad de mi casa que me hablaban a mí. Por ustedes no me quité la vida", me dijo, haciéndome entender la gran responsabilidad que tenemos como comunicadores. Ese día, recuerdo que reuní a nuestros presentadores y les dije:

"Miren el poder que tienen ustedes de hacer que una persona se arrepienta de quitarse la vida. Esa es nuestra mayor responsabilidad. Regalar felicidad".

Otra televidente me escribió una vez por Twitter para contarme que su sueño era venir al programa. Le respondí diciéndole que cuando pasara por Miami me escribiera y con gusto la llevaría al estudio.

Cuando ese día llegó, sentada en mi oficina me contó agradecida cómo nuestro programa la había acompañado durante un tratamiento de quimioterapia.

Esas cosas no tienen precio.

Esas cosas confirman cuál debe ser nuestra misión.

Una de las preguntas que más me han hecho en la vida es ¿cómo sabe uno cuál es su misión?, ¿cuál es su propósito? Una de las mejores definiciones la leí en el libro *Guía de la grandeza* (*The Greatnes Guide*), de Robin Sharma. Según él, "cuando descubras tu verdadera misión, no querrás dormir y amanecerás con un fuego en el estómago que moverá montañas. Y lo predicarás a todo el mundo como un evangelista".

Mi mayor consejo a todo aquel que esté buscando un trabajo o eligiendo una profesión es que piense si lo disfrutaría igual que si no le estuvieran pagando. No es que yo piense que el dinero no importa (porque importa, y mucho), sino que el cheque debe ser esa sorpresa al final de un mes o de una quincena en la que te has divertido haciendo lo que más te gusta.

Uno sabe que se convirtió en lo que siempre soñó ser cuando se encuentra a sí mismo pensando en crear maneras diferentes de hacer lo mismo. Cuando de una idea que ves se te ocurren tres más. Cuando te emociona verte sin tiempo para nada porque sabes que en una o dos semanas, cuando todo pase, estarás disfrutando los resultados. Cuando el cansancio se siente nada más como el deber cumplido y no como el enemigo que te amordaza para que no sigas avanzando en tu camino. Sabes que estás cumpliendo tu misión cuando miras atrás y te das cuenta de que ese huracán de citas, proyectos por entregar, llamadas y reuniones no son más que la consecuencia de aquello que soñabas ser. Bien dicen que la gente que se divierte trabajando es la gente que mejor trabaja.

¡Auxilio! No se me ocurre nada

Cualquiera que sea la profesión o el trabajo que hayas escogido, siempre te van a juzgar por lo bien que lo desempeñes. En la medida que cumplas con tus obligaciones y, además, aportes ideas (aunque no te hayan contratado para eso), verás crecer tu campo de acción profesional.

Un estudio realizado en Estados Unidos con más de 1.500 directores de empresa arrojó que la creatividad es la cualidad más valorada por ellos. Curiosamente, la creatividad le ganó a la integridad, que ocupó el segundo puesto en la lista, seguido por el pensamiento global, la dedicación, y la humildad. Es un hecho que lo que más valoran las empresas son las nuevas ideas. La innovación. Mi gran consejo a cualquier empleado es que se mantenga siempre más adelantado que el resto. Pero, ¿como se consiguen las nuevas ideas?

1. Sal de la rutina. No te vayas todos los días al trabajo por el mismo camino, ni almuerces con la misma gente. En la medida que cambies de ambiente, comenzarás a pensar cosas nuevas. Nunca olvides esta frase del escritor Martin Fisher: "La conclusión no es más que el momento en que te aburriste de pensar".

2. Lee, lee, lee. Mantente informado de los adelantos. Como dice Bill Gates: "Desde que recuerdo, me ha gustado aprender cosas nuevas y resolver problemas. Siempre he sido un optimista, y supongo que eso ha echado raíces en mi convicción de que el poder de la creatividad y la inteligencia pueden hacer del mundo un lugar mejor".

3. Nunca más (no dudo que lo has hecho ya algunas veces) desprecies algo que no conoces. Las mentes que no se permiten a sí mismas nuevos procesos son mentes rígidas que están condenadas a fracasar. Abre tu mente a nuevos caminos, a nuevas formas de hacer las cosas. Atarnos a la misma forma no garantiza un buen resultado. Hay maneras de hacer las cosas que creemos que son buenas porque ya nos han funcionado, y al repetirlas cambian de resultado. Los tiempos cambian, los gustos evolucionan y la competencia se aprovecha de eso. Si hay algo seguro en el momento en que estamos viviendo es el cambio. Como mi amigo Ismael Cala, hay que perder el miedo a abrazar la incertidumbre. A atreverse. Cuidado si eres de los que has pronunciado aquello de "eso ya lo hicimos antes y no funcionó". Lo más seguro es que no lo hiciste bien, y que esta vez quizás sí funcione.

Una de las historias que mejor ilustra a nivel corporativo la importancia de atreverse a innovar la protagonizaron dos grandes empresas muy conocidas: Netflix y Blockbuster. Greg Satell no lo pudo haber explicado mejor en el artículo que escribió para la revista *Forbes*. En el año 2000, Reed Hastings, fundador de Netflix, viajó a Dallas a proponerle a John Antioco, CEO de Blockbuster, que las dos compañías se asociaran. La idea era que Netflix manejara Blockbuster en internet y Blockbuster manejara Netflix en sus tiendas. Dicen que a Hastings se le rieron en la cara. Tiempo después, Blockbuster se fue a la bancarrota y Netflix se convirtió en una empresa millonaria. Hasting es hoy uno de hombres más poderosos y ricos del mundo. Y lo mejor de todo es que la idea de crear Netflix se le ocurrió cuando alquiló la película *Apollo 11* para verla en casa, pero la extravió; seis semanas después no se atrevía a contarle a su esposa, y ya la multa iba por 40 dólares. Un día, en el gimnasio, se preguntó a sí mismo si valía la pena comprometer la integridad de su matrimonio por un cargo por demora. Así fue como se le ocurrió la idea de crear un modelo de negocio donde se pagara una mensualidad y uno pudiera alquilar películas sin recargos extras.

En 2007 Netflix lanzó el servicio de renta de películas a través de internet. El resto es historia.

La historia de la compañía que revolucionó la manera de ver películas y *shows* de televisión.

La gran enseñanza aquí es que nunca hay que dormirse en los laureles. Blockbuster no se imaginó que por no ir a la par del avance de la tecnología se iría a la bancarrota.

Esto te lo cuento para que pienses como Netflix. Para que veas en cada problema una oportunidad. A ti y a mí seguramente también se nos perdían las películas y nos molestaba pagar las multas... pero no se nos ocurrió hacer nada para resolverlo.

Nos está tocando vivir una época en la que hay que tirarse al río y nadar más rápido que la corriente. Por muy exitoso que hayas sido, es importante que te renueves siempre. Que estudies cómo los avances de la tecnología pueden hacerte avanzar en tu trabajo. Siempre hay que estar enterado de lo último que está pasando en tu campo de acción. El que no lo haga corre el peligro de quedarse atrás y lo que es peor: ahogarse y desaparecer para siempre.

SÚBELO A LAS REDES

"Si sientes miedo, si el estómago se te retuerce,
si el cerebro te empuja a que sigas adelante y el corazón
de pronto te avisa que lo pienses más y te desvía, quiere
decir que vas por buen camino".

"El valor de tomar una decisión sucede en ese instante
mágico que cambiará tu destino".

"Las mentes que no se permiten a sí mismas
nuevos procesos son mentes rígidas que están
condenadas a fracasar".

"Uno sabe que se convirtió en lo que siempre soñó
ser cuando se encuentra a sí mismo pensando en crear
maneras diferentes de hacer lo mismo".

"No te vayas todos los días al trabajo por el mismo
camino, ni almuerces con la misma gente. En la medida que
cambies de ambiente, comenzarás a pensar cosas nuevas".

@luzmadoria

CAPÍTULO 5

ASÍ SE SACAN LOS MÚSCULOS DEL ALMA

———

Mientras escribía este libro, me lo rechazaron por no ser yo muy conocida. Ese rechazo me impulsó a seguir escribiéndolo. Tengo muy claro que el propósito de este libro que tienes en tus manos es ayudarte a tener una vida más feliz, a cumplir tus sueños, a no darte por vencido.

Entonces, ¿voy a renunciar a lo que estoy segura de que va a cambiar una vida?

¡Nunca!

Tengo que confesar que durante mucho tiempo soñé con escribir este libro, pero no me atrevía por temor a lucir arrogante.

¿Quién era yo para escribir un libro?

¿Quién soy yo para decirle a alguien lo que tiene que hacer en la vida?

Yo solo sabía dos cosas.

Una, que cada día el destino me ponía más y más momentos en mi camino en los que me permitía inspirar a la gente y que, después de hacerlo, recibía comentarios muy generosos que llenaban mi alma de agradecimiento. Que alguien te diga que un consejo tuyo le ayudó a cambiar su vida y que ahora es más feliz, es para mí la mejor manera de multiplicar la paz y la felicidad en el mundo.

Y la segunda, que mi gran pasión es escribir. Y que cuando escribo es cuando más sincera soy en la vida. Cuando escribo, soy absolutamente fiel a lo que creo y pienso.

Un día, hablando con Conchi Alfonso, una colega productora, me dijo: "Si Dios pone un don en ti tienes que ponerlo al servicio de la gente. Dios te dio el don de escribir, y eso, unido al propósito que tienes con tu libro, debe ser el mejor impulso para que te atrevas a escribirlo".

Inmediatamente le hice caso.

Dios permite siempre que sucedan milagros que a mí me gusta llamar bendiciones explosivas.

Esa llanta de repuesto llamada fe

El éxito no es un camino recto. Está lleno de curvas que muchas veces te llevan por otros rumbos. Muchas veces también hay que devolverse y volver a empezar.

Si algo he aprendido en mi vida es que los tiempos de Dios son perfectos y el universo nos envía lo que estamos listos para recibir.

El esfuerzo mayor que requiere el éxito es no darse por vencido. Y ten algo siempre presente: el proceso no será fácil, pero en la medida que lo aceptes, lo disfrutes y vayas entendiendo que Dios está entrenándote para lo próximo que viene, podrás atravesar la turbulencia sin venirte abajo.

La fe es siempre esa llanta de repuesto que hará que continuemos el camino. Nunca la pierdas, porque en caso de emergencia siempre podrás usarla para continuar por la carretera que conduce al éxito y seguir adelante.

A veces, la velocidad que le damos a nuestra vida profesional, hace que nos olvidemos de las cosas que realmente importan. Trabajar en un mundo tan exigente como la televisión, en el que la lucha por los *ratings* diarios nos obliga a acelerar procesos, hace que corramos el peligro de volvernos ególatras y superficiales. Pero siempre hay quien viene a recordarte lo que realmente importa.

Recuerdo una vez que recibí a Pierce Brosnan en nuestro estudio y le dije que aunque todos lo admiraban por James Bond, yo admiraba mucho su imagen familiar.

"Es que para mí la familia no es que sea importante. Para mí es lo único importante", me dijo mientras posaba coqueto para una foto conmigo.

Ese día recordé a un gran hombre. A Antonio "Tony" Oquendo, presidente de TeleFutura, que me recibió en su oficina de Univision repleta de fotos de sus hijos. Recuerdo que el día que me hizo la entrevista de trabajo me preguntó muchas veces sobre mi familia y, de pronto, mirando el reloj, me dijo:

"Bienvenida a la televisión. Te tengo que dejar porque tengo que salir a un partido de mi hijo. De eso es lo que realmente se trata la vida".

Cinco meses después, Tony falleció. Se lo llevó un infarto masivo, y su esposa, la respetada y querida periodista Teresa Rodríguez, de pronto se quedó viuda del mejor marido del mundo y con dos hijos pequeños. Dos hijos que hoy son grandes profesionales que, estoy segura, recuerdan con mucho amor que su papá siempre estuvo aplaudiéndolos en sus partidos porque estaba convencido que de eso se trataba la vida.

Siempre se me quedó en el alma aquella frase de darle tiempo a tu familia, porque sí, de eso se trata la vida. Y uno, querido lector, nunca sabe cuánto le va a durar esa vida.

Estoy de acuerdo con él. De nada vale el éxito profesional si en tu vida personal no estás plenamente feliz y realizado, y no le das la importancia que merecen a esos momentos.

Una de las cosas que más me ha ayudado a conseguir estabilidad es alimentarme espiritualmente. Siempre comparo el alma con el cuerpo. Si las iglesias estuvieran tan llenas de gente diariamente como están los gimnasios desde la madrugada, el mundo estaría mejor. Esta comparación la hago porque el culto a la belleza del cuerpo da como resultado unas medidas perfectas y unos músculos libres de grasa gracias a una disciplina absoluta. De la misma manera se debería cuidar el alma. Así estaríamos libres de toxinas mentales, juzgaríamos menos, sentiríamos menos envidia, nos quejaríamos menos y estoy segura de que el resultado sería una vida más feliz.

Y una vida feliz es una vida exitosa.

Un perdón que tengo atragantado

Cuando yo producía *Escándalo TV* nos convertimos en una especie de noticiero de farándula donde todo se sabía primero. Formamos un equipo altamente competitivo que salía a buscar la exclusivas a como diera lugar. Vivíamos a un ritmo bastante rápido en el que la orden era dar la noticia mientras estaba sucediendo.

Recuerdo que el día que don Antonio Aguilar, gloria de la música mexicana, se enfermó de gravedad, pusimos dos reporteros en México a hacer guardia día y noche en el hospital. La orden de mis jefes fue que todos los días debíamos estar en guardia hasta las 6 de la tarde, de modo que si algo ocurría podíamos salir en vivo aunque la noticia no se produjera durante las tres horas del programa.

La gravedad de don Antonio se prolongó y el estrés comenzó a hacer de las suyas. Un día, me quejé en voz alta:

"Dios mío, ¡¿hasta cuándo irá a durar esta guardia?!".

Dos días después, el 19 de junio de 2007, se produjo la muerte de don Antonio Aguilar y nosotros salimos en vivo, primero que todo el mundo, haciéndole un gran homenaje. Como él se merecía.

Después del programa, me fui a cenar con mi esposo. Había terminado la guardia. Y seguramente mientras los Aguilar lloraban a don Antonio, nosotros regresábamos a casa ese viernes con la paz del deber cumplido.

Pero la vida te manda lecciones que te sorprenden. Y es muy rápida en mandarlas.

Menos de cuatro meses después estaba yo en un hospital de Cartagena, cuidando a mi papá que estaba enfermo de muerte.

La vida me pasó la factura. O mejor dicho, me mandó la lección por no haberla aprendido. Para que la sintiera en carne propia y la pudiera contar en primera persona.

Ese día, mirando por la ventana de aquel hospital en Cartagena, mientras mi papá se despedía poco a poco de este mundo, pensé en Antonio Aguilar y su familia y recordé en medio de mi dolor aquel "¿hasta cuándo va a durar esta guardia?". Me juré a misma que algún día pediría perdón públicamente por haber perdido la sensibilidad por un minuto.

Un perdón que llevo atragantado desde 2007 y que hoy gracias a este libro puede salir de mi corazón.

Una semana después de haber llegado a Cartagena, mi papá murió, y su muerte no solo me cambió la vida sino que me sensibilizó para siempre.

Como conté al principio de este libro, yo siempre fui su niña consentida. De él heredé el amor por los libros. El amor por la vida. Recuerdo que de niña siempre me decía que no preguntara, sino que leyera, porque de esa manera así nunca olvidaría la respuesta.

Un cáncer que le descubrieron pocos días antes de morir lo consumió de tal manera que yo me enfrenté a un cadáver viviente cuando llegué a su cama de hospital. Además, ya estaba enfermo de alzheimer. Una enfermedad a la que curiosamente él le tenía terror.

Ver la destrucción física de mi papá, un hombre vital, alegre, noble, que cuidaba su salud y su cerebro como pocos y al que nunca había visto enfermo en mi vida, fue construyendo en mí un plan diferente de vida. Desde el día que él murió me propuse vivir de una manera distinta. Gozar cada instante y, sobre todo, tener mi cabeza limpia de toxinas para poder recibir las señales que me manda el universo.

Si algo he podido comprobar, años después, es que cuando tu cabeza está llena de estrés, de miedos, de preocupaciones, se produce una gran interferencia que no permite que recibas y proceses esas señales que siempre, léelo bien, siempre, llegan para mejorar tu vida.

Cuando te hablan... desde el más allá

La gravedad y muerte de mi papá ocurrió en menos de dos semanas. Una mañana de un día que pintaba muy feliz, en el que después de llevar a mi hija al colegio, me reí bastante con una llamada telefónica de mi amigo Luis Balaguer, mi mamá me dio la noticia.

"Tu papá esta grave en el hospital. Tienes que viajar hoy mismo a Cartagena".

Me quedé muda. No me salían palabras.

Y ella siguió hablando.

"Tu papá tiene cáncer, Luzma. No te habíamos querido decir".

¿Cáncer?

¿Mi papá estaba grave?

¿Tiene cáncer?

¿Mi papá se va a morir?

Todo empezó a darme vueltas en la cabeza.

¿Cuándo se lo descubrieron? ¿Por qué nadie me lo dijo?

Yo había ido a verlo hacía dos meses, y aunque lo encontré desanimado, se lo atribuí al alzheimer que le habían diagnosticado.

Ver a mi papá convertido en un ser ausente tuvo mi corazón herido durante casi tres años. Cualquier inmigrante sabrá entender el dolor que sentí de no poder estar todo el tiempo junto a él. Durante esos tres años, mi jefe Ronald Day, me permitió viajar frecuentemente a Colombia y nunca hizo nada que multiplicara la tensión en la que yo vivía entonces. Siempre le estaré agradecida por su comprensión. Hoy, cada vez que una de las personas que trabaja conmigo pasa por un momento personal difícil, practico lo que Ronald me enseñó y le brindo la seguridad de que su trabajo no estará en peligro si tiene que ausentarse por cuidar a un familiar enfermo.

En cada viaje que yo hacía a Cartagena notaba que iba perdiendo más a mi papá. En medio de la tristeza que es vivir con un familiar enfermo, traté siempre de dar lo mejor de mí en el trabajo. En ese momento, la productora general del show, Jessica Benítez, me ayudo muchísimo. Era mi confidente y mi socia creativa, y juntas nos inventábamos mil cosas que en aquel momento servían de escape a mi tristeza.

Solo las personas que han vivido de cerca esta terrible enfermedad entenderán cuando les diga que uno siente que ha tenido dos papás: el que uno conoció y el que lo destruyó el alzheimer. Yo tuve también dos papás: aquel divertido, parrandero y loco que me llevaba serenata y tuve también este señor que a veces me miraba con un poquito de cariño y me decía que tenía dos hijas: "Una es Luz María. La otra eres tú".

Para él yo dejé de ser Luz María. Y en este libro donde he ido dejando trozos de mi alma tengo que confesar que a veces yo quería que regresara esa Luz María que él recordaba, a ver si de pronto lo hacía más feliz. Ahora pienso, sin haber nunca hablado de esto con ningún médico para que no me vaya a matar la ilusión, que mi papá quizás recordaba como a otra hija a aquella niñita llamada Luz María, tímida y calladita que llevó al kínder y le aconsejó esa mañana en Cartagena que no se dejara joder nunca por nadie.

Después del caos que se formó en mi cabeza cuando mi mamá me dio la noticia de la gravedad de mi papá, descubrí que un mes antes de la terrible llamada, a mi mamá le habían confirmado que mi papá tenía cáncer. Según ella, para evitarme el sufrimiento no me quiso contar. Durante ese mes, yo no sospeché nada. Todo transcurrió con normalidad hasta ese día que todo cambió de la risa al llanto. Veinticuatro horas después estaba yo en aquel hospital de Cartagena, viviendo las horas más tristes de mi vida.

Nunca he pensado que hay tiempo de prepararse para una pérdida, pero en este caso, todo el proceso sucedió muy rápido y yo tuve la fortuna de vivir junto a mi papá sus últimos momentos.

Durante esa última semana de vida lo cuidé como a un bebé. Velé su sueño. Le dije mil veces cuánto lo amaba.

Los médicos me aconsejaron que lo llevara a su casa. Y esa última noche me acosté con él en su cama, vimos una telenovela y Tatati, mi nana, le hizo una sopa que ella misma le dio a cucharadas como si fuera un niño. Él, mirándola a los ojos, le dijo un "Te quiero mucho" que a mí me sonó a despedida.

Al día siguiente, a las 6 de la mañana, murió mi papá, y yo sentí el dolor más grande que he sentido en mi vida.

Pero también desde ese día aprendí a ser más feliz.

Si yo le cambié la vida a mi papá el día que nací, él me cambió a mí la vida el día que él murió.

Porque aprendí que el amor es lo único que queda. Que nos pasamos la vida perdiendo tiempo en broncas que nos restan minutos de felicidad. Que vivimos llenos de preocupaciones que nunca se hacen realidad, que no llamamos a los que queremos porque "no tenemos tiempo" y un día nos damos cuenta de que tenemos tiempo pero ya no tenemos a quien llamar. Que dejamos de ser nosotros mismos para convertirnos en lo que otros quieren que seamos cuando no hay felicidad mayor que ser auténtico. Que a veces, por interés, complacemos más a personas que no queremos que a las de nuestra propia sangre. Que cuidamos con locura nuestros trabajos para que nadie nos los quite y descuidamos con locura a los que más queremos porque pensamos que eso nadie nunca nos los va a quitar. Que nos pasamos horas pensando cómo demostrar que tenemos la razón y nos olvidamos de que a veces es más importante ser feliz que tener la razón.

En medio del dolor terrible de la partida de mi papá, la noche de la misa con la que lo despedimos, ocurrió algo que siempre le va a traer paz y una sonrisa a mi corazón.

Mi papá era terriblemente torpe con las manos (algo que heredé yo) y con su gran sentido del humor hizo de su torpeza casi una cualidad de la que todos nos reíamos mucho.

Cuando estábamos en la mesa, siempre sabíamos que era a él a quien se le iba a derramar la sopa en el pantalón. O que él era quien iba a dañar el nuevo aparato electrónico de la casa. El día de su cremación le pedí a mi esposo, quien se encargó de todos los arreglos fúnebres, que le comprara la urna más linda y fina de todas para meter allí sus cenizas. Cuando llegamos a la iglesia y estábamos en plena misa, le agradecí al oído a mi esposo lo linda que estaba la urna.

"No vas a creer lo que me pasó", me dijo. "Cuando me entregaron la urna y la metí en el carro, de pronto se fue cayendo por partes y tuve que devolverme a hacer el reclamo. Me dieron otra...".

En ese momento y en medio de la profunda tristeza que se siente cuando ves a tu padre convertido en cenizas, vi a mi papá riéndose en el cielo. Me dio mucha risa pensar que desde el más allá mi papá seguía desbaratando hasta su propia urna.

Esto lo cuento porque siempre hay que estar atento a las señales. Esa fue la primera de muchas que me ha mandado mi papá y que para mí no tienen otra explicación que la conexión que queda con esa gran energía y ese amor tan puro que ni la muerte puede destruir.

Después de que mi papá murió y me reintegré al trabajo, comenzaron a sucederme cosas muy curiosas. La que más ilustra el cambio que su muerte le dio a mi vida personal y laboral fue una cuyo proceso comenzó la semana después de que mi papá se fuera de este mundo.

De pronto, en medio de cualquier reunión, o estando en mi casa, yo sentía su voz en mi cabeza diciéndome "tienes que ser mejor persona". Esa frase entraba a mi cerebro no como una orden, sino como si fuera una recomendación de algo que él había comprobado al morirse.

Un día, estando en mi oficina con un compañero de trabajo que había sido productor de uno de mis *shows*, comenzamos a crear juntos un guión, y cuando yo saqué un diccionario de sinónimos que había heredado de mi papá, le comencé a contar la buena relación que siempre había tenido con él.

Al día siguiente, muy temprano, recibí un *email* suyo que me hizo erizar la piel:

"Luzma: No pienses que estoy loco. Tengo un mensaje de tu papá.

Necesito dártelo y no quiero que sea en la oficina. Te veo a las 9 de la mañana en The House of Pancakes de la 41".

Confieso que yo nunca había sentido tanta ilusión, curiosidad y terror a la misma vez. Mientras manejaba hacia el restaurante mil ideas me daban vueltas en la cabeza. ¿Por qué mi papá iba a escoger a alguien que no era mi amigo ni él había conocido nunca para enviarme un mensaje? ¿Qué me quería decir? ¿Cómo iba a saber yo que lo que me iba a decir este hombre era cierto?

Este muchacho había trabajado conmigo como productor durante algunos meses. En ese tiempo no forjamos ninguna relación, y yo le pedí a mi jefe que lo transfiriera a otro departamento donde podía desarrollarse mejor porque no lo veía a gusto en nuestro programa. Pensé mil cosas mientras manejaba hacia el restaurante. Me parecía terriblemente fascinante el hecho de que mi papá me enviara un mensaje. ¿Y si este hombre era un loco y me había citado para otra cosa? Del carro llamé a una persona que lo conocía bien y en quien yo confiaba plenamente, y le conté lo que me estaba pasando.

"No te hará nada malo", me dijo. "Es la primera vez que me entero que le pasa con alguien, pero ve tranquila que debe ser verdad lo que te va a decir".

Me bajé del carro con la sensación de que mi papá me estaba esperando adentro. El corazón se me quería salir. Y una vez más comprobé que cuando estás segura de que te imaginas la manera en que sucederán las cosas, Dios te sorprende y te las cambia.

Entré al restaurante impulsada con la fuerza de un cohete repasando todas las mesas. De pronto lo vi sentado esperándome. Tranquilo y calmado como era siempre.

Cuando me senté frente a él, me dijo con una sonrisa muy pacífica mirándome a los ojos:

"Anoche después de que hablamos de la relación que tenías con tu papá, me puse a pensar en lo bonito que sería que el día que yo muera mi hija pueda hablar así de mí. Luzma, cuando me estaba quedando dormido sentí que tu papá, a quien ni siquiera conozco, necesitaba que yo te diera un mensaje. Pero antes, quiero que sepas todo el daño que tú me hiciste".

¡¿Daño?!

¿De qué me estaba hablando?

Su última frase fue como un frenazo en seco para mí.

En ese momento, mi corazón comenzó a latir mas rápido de lo normal y me asusté. Me asusté mucho. En mi archivo personal de recuerdos, este muchacho no ocupaba mucha memoria. Solo recordaba que no había sentido que podía ir al mismo ritmo del *show* y había aconsejado su traslado a un departamento donde podía ser más productivo. Pero de ahí a hacerle mucho daño, no recordaba nada. Nunca en mi vida he sentido que le haya hecho daño a nadie, pero era evidente que a él sí y que yo sí era parte de sus recuerdos. Mejor dicho, de su gran pesadilla.

"Durante los meses que trabajamos juntos, siempre sentí que yo no era suficientemente bueno para ti", me dijo con un dolor que podía percibirse en su mirada. "Yo llegaba a trabajar muerto de miedo de que me botaras y vivía con un pánico constante al pensar que sin trabajo no iba a poder pagarle la universidad a mi hija. Llegaba a mi casa triste, decaído. Sin ganas de regresar al día siguiente al trabajo. Me hiciste sentir que yo no servía para nada".

Sus palabras, que en aquel momento ya eran entrecortadas por las lágrimas, las entendí perfectamente. Aunque no recordaba con exactitud ningún incidente concreto con él, sí tenía en mi memoria la imagen de querer que él no fuera parte de mi equipo por no sentirlo igual de comprometido que el resto. El impacto de sus palabras me atravesó el corazón. Yo iba por un mensaje de mi papá y me encontraba con alguien que por primera vez en mi vida me decía lo cruel que podía yo haber sido con un empleado. Y sobre todo, hacía crecer en mi corazón la necesidad de modificar ese comportamiento.

"Perdóname", le dije con toda la sinceridad que mi corazón podía hablar. "Creo todo lo que me estás diciendo, aunque no recuerde un ejemplo concreto de lo que vivimos. Entiendo que mi actitud pudo haberte hecho sentir mal y te pido que me disculpes por no haber manejado la situación de una forma diferente. Nunca me había pasado esto con nadie o tal vez nunca nadie había tenido el valor de sentarse al frente y decírmelo". En ese momento, me interrumpió y me dijo: "El mensaje de tu papá es que te conviertas en una mejor persona". Entonces sí me derrumbé.

Yo no le había contado a nadie lo que sentía que mi papá me repetía constantemente.

¿Cómo este hombre lo sabía?

¿Realmente mi papá lo había contactado a él, a quien yo había hecho sentir tan mal en el trabajo, para que me diera esa gran lección de vida?

Los que han perdido a un ser querido saben que la tristeza que experimentamos al sentir que de pronto no podemos volver a verlos ni hablar con ellos hace que nuestra mente muchas veces imagine cosas.

Sin embargo, este incidente que hasta el día de hoy no tiene para mí otra explicación, fue algo completamente real. Y para mí tiene hoy perfecto sentido que mi papá, desde el otro mundo, haya escogido a una persona a quien yo le había hecho daño sin saber, para que me diera una gran lección de vida.

Quizás la más grande e importante de mi vida.

Durante los ocho años que han pasado desde esa mañana incómoda y a la vez memorable de mi vida, no ha habido una sola vez en la que yo esté delante de un empleado y no recuerde las palabras que ese muchacho me dijo y no entienda y confirme la facilidad con que siendo jefes, o estando en una posición de autoridad, podemos hacer daño sin darnos cuenta (que es tan triste como hacerlo a propósito).

¿Qué paso después?

Mi vida laboral comenzó a tomar otro rumbo mucho más fructífero. Me cuido mucho de no herir ni con mis palabras ni con mis silencios. Y soy mucho más motivadora. Aplaudo cada vez que sea necesario. Me tomo el tiempo de explicar por qué algo no está funcionando. Y en vez de regañar más, trato de entrenar mejor a la gente que trabaja conmigo. Y cuando me doy cuenta de que puedo estar haciendo daño (soy humana y es normal que me moleste), al contestar rápido y herir sin querer, siempre trato de pedir disculpas.

Si exigimos respeto tenemos que respetar.

Mi misión como jefa es liderar un proyecto tratando de obtener el mejor resultado posible, sirviendo de guía a un grupo de profesionales que, como yo, se rigen por una misma misión: la innovación, la excelencia, el servicio y el empoderamiento.

El verdadero poder que tienen los que están o hemos estado en posiciones de liderazgo no es solamente el de tomar decisiones que redunden en el éxito de una compañía. El verdadero poder es mejorar las vidas de todos nosotros con esas decisiones.

Y si te está picando la curiosidad por saber si he vuelto a recibir mensajes de mi papá, lamento decir que no con la precisión y frecuencia que ocurrían en el primer año de su partida. El 28 de septiembre, día de su cumpleaños, le pedí por la mañana que me mandara una señal porque me tenía muy olvidada. Esa noche apareció en el patio de mi casa una tortuguita, que era su animal favorito. ¿Casualidad? Tal vez.

Hace poco, en un viaje de trabajo que hice a Roma, y en el que recordé bastante a mi papá porque él amaba la pasta y a la Piedad de Miguel Ángel, me pasó algo muy bonito: La última noche, mientras cenaba, pasó al lado de mi mesa un vendedor ambulante ofreciéndome unas pulseras. Ante mi "no, gracias", el señor me dijo, (sin insistir en venderme las pulseras): "No te preocupes. Lo que sí me vas a aceptar es un regalo que te tengo", y sacó de su bolsa una tortuguita hecha en piedra.

Se me hizo un nudo en la garganta y mirando al cielo de Roma me dieron ganas de guiñarle el ojo a mi papá.

Para mí esas son las maneras en que el universo me confirma que mi papá sigue conmigo. Y aquí entre nos, no hay nada de malo en crear nuestras propias teorías siempre y cuando nos traigan más felicidad, que debe ser el gran propósito de nuestra vida exitosa.

Las fórmulas que le funcionan al alma

Yo crecí en una familia católica pero no muy practicante que digamos. Estudié con monjas que nos obligaban a ir a misa, y mi vida espiritual no era más que rezar, pedir, rezar y dar gracias. En la medida en que mi vida se fue complicando, descubrí la ansiedad y el estrés, y aunque la velocidad de la fuerza laboral me impulsaba cada día con más rapidez hacia nuevas experiencias exitosas, sentí la necesidad de buscar más profundamente a Dios.

Un 31 de diciembre leí *Los cuatro acuerdos*, de don Miguel Ruiz, y cuatro frases que había oído mil veces en mi vida de pronto quedaron selladas en mi mente y en mi corazón. ¡Y no te imaginas cómo me ayudaron!

La que primero hizo efecto fue "No supongas". No sé tú, pero yo he perdido mucho tiempo en mi vida creando películas que no existen. Inventando historias que nunca han ocurrido ni van a ocurrir. Tengo que admitir que entre los 20 y los 30 años mi vida era doble: lo que ocurría y lo que yo creía que ocurría. Pero la cosa no paraba ahí: el proceso natural venía con rabias, rencores y plan de venganza. A eso hay que agregar la energía negativa que atraía, el desasosiego que causaba en mi vida y sobre todo, querido lector, el tiempo que perdía.

Esto lo cuento porque una de las cosas que dejé de hacer para convertirme en la mujer de mis sueños fue suponer.

La experiencia de vida me confirmó que no tengo poderes síquicos, y que eso que creo que está sucediendo, puede que no sea lo que verdaderamente está ocurriendo.

Ahora, cuando no tengo control de una situación, simplemente se la entrego a Dios y le pido que se haga su voluntad. Le pido al universo que las cosas fluyan y Dios se encargará de ponerlas en su lugar. Siempre me da resultado.

Una cosa es tener un plan B y otra muy distinta atormentarte mentalmente creyendo que tu jefe te odia porque no te ha respondido un *email*. Si te gusta hacer películas, empieza a escribir guiones, pero no los dejes dando vueltas en tu cabeza aterrorizando y paralizando tu vida. Si tu jefe no te responde un *email*, vuélveselo a enviar y asunto resuelto.

No tomarme nada personal ha sido quizás lo más difícil de mi plan para mejorar espiritualmente y convertirme en la mujer de mis sueños. Como buena canceriana, soy apasionada y emotiva. Durante casi 35 años de mi vida la fragilidad de mi espíritu y el tamaño de mi ego me hacían pensar que todo podía comenzar y terminar en mí. O sea, que si alguien no me saludaba era porque yo le caía mal. Si alguien daba una opinión negativa sobre mi trabajo era porque quería perjudicarme. Como jefa, me dolía a veces la confrontación de algún empleado a quien yo siempre había tratado bien o había ayudado. En el camino a mejorar mi vida entendí que tenía que sacar de ella todo lo que corriera el peligro de hacerme daño. Aprendí a no tomarme nada personalmente.

Recuerdo que una vez una productora *freelancer* me pidió que la ayudara a obtener un puesto fijo. En aquel momento, el único que había disponible era el de asistente de una productora ejecutiva. La recomendé y a ella le dije:

"Aprovecha esta posición porque estando adentro de la compañía será mas fácil moverte en caso de que se abra otra posición en algún otro departamento de la empresa. Tú tienes toda la capacidad para ser asistente y vas a brillar porque además podrás aportar ideas de producción", le dije convencida de que la estaba orientando y ayudando.

Ella aceptó el puesto que le aseguraba además sueldo fijo y beneficios. Cuál no sería mi sorpresa cuando un par de meses después me pidió una cita para reclamarme, llorando, que yo la había rebajado de productora a asistente. Esa percepción del consejo que yo le había dado me hizo pensar mucho a la hora de volver a facilitar las cosas con buena voluntad. Tal vez en aquel momento que me pidió ayuda debí decirle que no había una posición de productora y punto. Yo en su caso hubiera estado, además de agradecida, motivada a trabajar de cerca como asistente de una productora ejecutiva y brindarle todas mis ideas. Pero aprendí que las personas que no tienen vidas fáciles no ven la vida como el resto y pueden hacer daño con sus reacciones. Una vez más, solo Dios sabe que yo no "la rebajé" y solo intenté ayudarla, pero ella no lo vio así y eso, querido lector, no era mi problema sino el de ella.

Lo que más me ayudó a acelerar el proceso de no tomar las cosas como algo personal fue entender que cada persona tiene todo el derecho a tener una opinión, y que esas opiniones están muchas veces basadas en sus propias vidas.

La vida no es como yo la veo. Ni como tú la ves.

Hay quien ve el confeti como algo que ensucia y no que alegra.

Para muchos, el pastel no necesita ninguna cereza.

Detrás de cada uno de nosotros hay historias que nadie conoce y que a veces ni sospecha que alguien haya podido vivir. Entendí también que no siempre tengo que tener la razón y que mi mente necesita estar abierta a entender las opiniones de otro. Y que cuando a alguien no le gusta lo que yo hago, no es necesariamente porque yo no sirva, sino porque esa persona y yo pensamos de maneras diferentes.

Una de las frases que tristemente más escucho es "perdóname, pero yo pienso que...". Y cuando la oigo trato siempre de interrumpir y preguntar: "Perdón, ¿por qué?".

Tenemos que aprender que nunca hay que pedir perdón por no estar de acuerdo con algo y mucho menos, lee esto bien, mucho menos pedir perdón porque pensamos que tenemos una idea mejor.

A medida que fui puliendo mi alma, también fui disfrutando más mi trabajo. Todo aquello que antes me llevaba a casa y me mortificaba, se fue quedando en la basura de la oficina. De esa manera, fui creando en mi mente más espacio para crear.

Eso no quiere decir que ya no tenga problemas o situaciones en las que mi energía baje. ¡Claro que existen! Pero ahora decido cuál me llevo a casa y cuál requiere de mi plan de ataque o de defensa.

Aprendí a ignorar (o como se dice en buen cartagenero "a no pararle bolas") cosas que antes me molestaban. Por ejemplo:

····· Dejé de quedarme trabada en el problema. Ahora lo analizo, veo qué puedo hacer para no repetirlo y sigo para adelante. Y lo más importante: actúo inmediatamente.

····· Escucho todos los consejos que me dan, pero solo le hago caso a mi intuición.

····· Ignoro a las personas negativas que se me paran enfrente a poner quejas para disimular que no tienen soluciones.

Las lecciones de Ismael Cala

Este cambio en mi vida no fue de la noche a la mañana, sino que comenzó a ocurrir cuando actué y tomé la decisión de que tenía que cambiar la manera de terminar con esos "perros pequineses" que me ladraban en el tobillo sin dejarme avanzar. Tuve que leer muchos libros, tuve que hacer muchas preguntas. Rezar mucho para que Dios me iluminara y aprender de los más grandes.

Uno de esos grandes es Ismael Cala.

A Cala siempre lo veía en la tele y me parecía un magnífico entrevistador. Admiraba de él la confianza que transmite a sus entrevistados y la capacidad que tiene para entrevistar lo mismo a un presidente que a un galán de telenovela. Leí sus libros y aprendí con él la importancia de escuchar (reconozco que soy de las que siempre interrumpe para contar un cuento. Ahora trato de hacerlo cada vez menos).

Como buena admiradora suya, fui viendo desde lejos cómo Cala fue complementando su trabajo periodístico con la motivación, y un día, viéndolo en la tele, pensé: "Cómo me gustaría conocerlo y trabajar con él".

Una vez más el universo escuchó.

Una mañana recibí una llamada de mi entonces jefe, Alberto Ciurana, que me dijo a quemarropa:

"Estoy almorzando con Ismael Cala. Quiero que te reúnas con

él porque creo que puede ser muy valioso para *Despierta América*. Aquí te lo paso para que coordinen el encuentro". Desde que escuché su saludo al otro lado de la línea, supe que íbamos a trabajar juntos.

El hecho de que él trabajara en CNN y yo en Univision hizo que yo valorara más ese sueño cumplido. No es muy común que las cadenas compartan a sus presentadores; sin embargo, esta vez fue posible. Dos días después, Cala y yo estábamos almorzando en un restaurante indio de Miami y desde que lo saludé sentí que éramos amigos de toda la vida.

O de otra vida.

La conexión fue instantánea. Y lo mejor era que yo no era la única que quería trabajar con Cala.

Cala soñaba con trabajar en nuestro programa y eso hacía más emocionante el encuentro.

Como quien dice, nosotros soñando con él y él soñando con nosotros.

"¿Cómo lo convenciste para que trabajara en *Despierta América?*", me preguntó una vez Jorge Ramos.

No fue nada difícil. Cala estaba dispuesto a convencerme a mí y no le hizo falta. Media hora después de estar hablando en el restaurante quedamos en que iría dos veces a la semana al programa a hacer segmentos de motivación. Y no te imaginas el regalo que es tenerlo no solo como colaborador sino como amigo. Porque Ismael Cala es uno de esos seres humanos que sí son como parecen. Tiene una gran voluntad para lograr sus sueños y es una de las personas más organizadas, determinadas y aplicadas que he conocido en mi vida.

Cala tiene su agenda lista con meses de anticipación. Ha creado a su alrededor un equipo de personas muy talentosas que hacen posible sus viajes constantes, los dos *shows* diarios que graba, sus conferencias de motivación, sus libros... Nunca lo he visto ni estresado ni molesto. Y en mis largas conversaciones con él, me ha contado que todo eso es el resultado del propósito que descubrió en su vida. Hace poco fuimos a almorzar y mientras íbamos en mi carro, yo conduciendo y él al lado, leyó en redes sociales algo sobre él que era mentira.

"Esto que acabo de leer me incomoda un poco", me dijo mostrándome el teléfono. "Pero no pienso ni abrir el *link* ni mortificarme en este momento que yo había reservado para pasarla bien en nuestro almuerzo. Ya después me encargaré de aclarar esto".

"¿Cómo logras que nada te turbe?", le pregunté con mucha curiosidad.

"He aprendido a dejarle las cosas al universo. Todo sucede por algo. Yo tenía una gran ilusión por este almuerzo. Y no voy a permitir que nadie me lo dañe".

Con Cala uno aprende a no darle poder a las cosas negativas y entiende que cuando se tiene claro el propósito de la vida, el éxito te tiene que llegar. A mí me llega al alma y me inspira hoy ver a este Cala triunfador, sabiendo que fue un niño inseguro y miedoso, que tuvo que trabajar como mesero, que incluso alguna vez pidió limosna, pero que nunca se dio por vencido.

"Creí durante muchos años que mi propósito era compartir y conectar a través de los medios con millones de personas. Sin embargo, hace apenas unos cinco años, ya haciendo el programa de entrevistas *Cala en CNN*, me tocó hacer dos conferencias para jóvenes de escasos recursos en Guayaquil, Ecuador, y en Lima, Perú, y ahí descubrí que faltaba un elemento humanista. Fue cuando compartí mi historia de vida, con sus puntos trágicos o álgidos, y su progreso hacia mis historias de éxito. Me di cuenta del impacto que podía tener cambiando vidas, no solo a través de los medios, sino de libros, seminarios, talleres sobre el tema del liderazgo y desarrollo humano. Y redescubrí el método Cala de vivir".

Ese método es fácil de recordar:

C de constante

A de aprendizaje

L de liderazgo

A de acción

Lo más importante en la vida, según Cala, no es encontrar las grandes respuestas, sino las grandes preguntas. Son preguntas con luz, largas, complejas, que conducen a una gran avenida, no un callejón de oportunidades de crecimiento.

Lo que sucede, según él, es que a la mayoría de las personas esas preguntas les asustan porque creen no encontrar la respuesta. Otra de las fórmulas que le ha funcionado para convertirse en una persona exitosa es hacerse cómplice del miedo.

"Ha sido un proceso de muchos años el hacerme amigo y aliado del miedo. Por mucho tiempo, los miedos me paralizaron. Fui un niño frágil con una autoestima baja, con temas de identidad personal de toda índole. Vengo de una familia en la que ha habido suicidios y esquizofrenia (tema que compartí en mi libro *El Poder de Escuchar*), algo que había guardado como un secreto por respeto a mi familia, porque me aconsejaron que no lo hiciera. Me decían que si contaba eso perdería mi credibilidad como periodista. El miedo más importante que hice crecer en mi vida, por esconderlo, fue el miedo a perder el control de mi mente, por esa historia de enfermedades mentales que había en mi familia. A ese miedo lo combatí haciendo catarsis; escribí el libro, y cuando dejé salir todo eso, que fue un proceso muy doloroso, me di cuenta de que el miedo estaba ahí, real, porque existe una posibilidad genética de que, al igual que mis hermanos, yo pueda vivir con un desorden mental. Pero los seres humanos podemos vencer a nuestra propia genética. Entonces, decidí no combatir al miedo, sino entenderlo, identificarlo y volverlo mi aliado. Nunca quise que desapareciera el miedo, porque he aprendido que la valentía no es ausencia de miedo; la valentía es el valor de saber que tienes un temor y buscar las herramientas para vencerlo. Gracias a que ese miedo existe, hoy tengo el poder de elegir qué pongo dentro de mi cabeza. Muchas veces, en los aviones por ejemplo, en vez de ver una película, oigo un audiolibro que pone en mi cerebro conceptos y estrategias. Ahí está el poder de utilizar el miedo de una manera positiva. Y hoy puedo compartir mis herramientas para ayudar a los demás a través de mis conferencias, libros, entrevistas y mis segmentos en *Despierta América*".

A Ismael, como a muchos de nosotros, también le encantaba suponer, pero ya aprendió que no hacerlo es la mejor manera de vivir en paz.

"Por muchos años viví en medio de una turbulencia y un azote constante, donde mi ego me jugaba una muy mala pasada y no permitía que mi alma estuviera en paz. Yo ponía mi estabilidad emocional a merced de los eventos y las interacciones personales con otros, y sobre todo a merced de la película mental de suposiciones de lo que podría pasar en un futuro. De la decisión que un jefe pudiera tomar sobre mi destino profesional. Con la meditación, la práctica de la gratitud diaria, del saber que la felicidad no está fuera sino que se construye desde adentro, de aprender sobre inteligencia emocional, de no dejar tus emociones a merced de terceros (me tomó más de 25 años este proceso), hoy sí puedo decir que construyo la paz y que mi paz no es negociable. He aprendido a respirar, a pensar qué debo hacer para no ponerla en riesgo, a ser menos reactivo y a no multiplicar la emoción que alguien me lanza, porque esa emoción es tóxica y destructiva".

Según Cala, hay personas que viven en piloto automático y no se dan cuenta de la señales que tienen a su alrededor. Él asegura que los seres humanos tenemos un GPS mágico y divino que se llama intuición.

"Muchos viven con la razón y no creen en la inteligencia intuitiva. Hoy, cuando se contrata a un líder, ya no se busca tanto IQ sino EQ, o sea, que ya para muchas empresas es más importante el coeficiente emocional que el intelectual. Ese que nos guía sobre cómo manejar las crisis, que nos dice cómo debemos proceder a la hora de tomar decisiones. Hay muchas personas que no se dan el derecho, que además es un deber, de estudiar hasta adentro, para mirar las señales que ya el universo puso dentro de nosotros al nacer. Las señales que el universo nos da, ya están adentro; hay que descubrirlas y pulirlas con nuestra inteligencia emocional. Esa es la única manera de co-crear una vida llena de milagros y oportunidades ilimitadas".

Ismael soñaba de niño con conocer el mundo y hoy cuando le pregunto si logró convertirse en todo lo que quería, me responde muy seguro:

"Me he convertido en algo mucho mas íntegro y poderoso que lo que soñaba de niño. Porque el niño soñó explorar el mundo y eso lo estoy haciendo. Pero había otro niño que vivía en medio de ese ambiente asfixiante que le advertía: cuidado, no leas demasiado porque vas a terminar ahorcado como tu abuelo; cuidado con el tema de tu mente, sal y juega en la calle como los otros niños. Ese niño estaba limitado en ese momento por esas circunstancias y por eso que escuchaba. Ahora miro atrás y le digo a ese niño: 'has logrado mucho más de lo que soñaste'. Mi gran consejo a todo aquel que tenga un sueño es: 'si cabe en tu mente, cabe en tu vida'. Preocúpate si tú mismo te asustas de lo grande que es tu sueño. Hay que trabajar en el umbral de merecimiento, en la expansión de esa cajita mágica que es la fábrica de sueños que tenemos en la mente. Abrir nuestros patrones de pensamientos, cultivar el espíritu, para que el ego no nos juegue una mala pasada, y hacer malabares entre el alma y la mente. Aprender a pensar es una estrategia de vida. Hay que invertir en nuestro crecimiento personal. El éxito es aprender constantemente y añadir valor con ese conocimiento aprendido a la vida de los demás. Si haces esto, la vida te multiplicará en bendiciones, abundancia, armonía, paz y sabiduría".

Ese músculo llamado voluntad

Siempre me ha encantado escuchar atentamente las historias de éxito. Desde aquel día que siendo niña escuché por primera vez que a la Cenicienta le había servido el zapato, quedé convencida de que uno en la vida puede lograr lo que le dé la gana.

A ese momento mágico en que te entra el zapato y te cambia la vida yo lo llamo éxito.

Normalmente sucede después de medirse muchos zapatos. En palabras que no son de cuento: sucede después de haber trabajado, luchado y, tal vez, después de haberte sacrificado y rezado mucho.

Hay quien llama suerte a ese momento mágico en que la vida te cambia para bien. Ese instante en que consigues trabajo, te dan un aumento, te llega la visa, te quitan la orden de deportación, te curas de una enfermedad o, como decía Mamá Tina, mi abuela, te suena la flauta con algo que siempre habías querido lograr. Yo, antes de llamarlo suerte, pienso que ese momento mágico sucede cuando has luchado lo suficiente para conseguirlo.

Uno se convierte en lo que cree ciegamente. Uno es lo que piensa. Se lo he oído decir a todos los triunfadores.

¡Pero cuidado! Suena fácil, pero en la práctica no lo es tanto, porque en el proceso se cuelan pensamientos tóxicos que te desprograman. Y es cuando hay que sacar ese músculo que se llama voluntad.

Tuve la oportunidad de asistir a una charla en la que Bea Pérez, directora de sostenibilidad de Coca-Cola, contó su historia. Hija de cubana, la latina más importante de esa empresa nos dijo que su carrera había estado marcada por dos palabras: rechazo y riesgo. Bea, a pesar de haberse sentido rechazada, nunca se dio por vencida.

Bea es de esas mujeres que te dejan convencido de que todo es realmente posible. Que la vida de los triunfadores no es un cuento de hadas sino más bien una maratón de esfuerzos en la que se entrena un músculo llamado voluntad. Y la voluntad es la facultad por la que una persona decide iniciar una acción.

Te invito a ejercitar ese músculo:

1. Controla tus pensamientos tóxicos. Tu cerebro hace lo que tú le digas. Prográmalo en positivo y verás el cambio en tu vida. Si te repites a ti mismo que sí vas a poder, tu cerebro entenderá la señal. Ten cuidado, porque lo mismo ocurre en caso contrario.

2. Crea disciplinas en tus 24 horas. Desde hacer ejercicio para el cuerpo hasta estudiar cómo mejorar el alma. Busca el tiempo, que sí existe.

3. Aprende a decir no y no dejes que cuanto te digan no, te desconcentren. Enfócate en lo que realmente te llevará a conseguir lo que tú quieres. No pierdas tiempo diciéndole que sí a todo el mundo solo porque quieres quedar bien. Y no permitas que cuando te digan no (serán muchas veces) te desenfoquen y te apabullen. Si te cierran una puerta, cuélate por una ventana.

4. Haz diariamente una lista de las cosas que necesitas hacer ¡y cúmplela!

5. Cuando pienses que no vas a poder, ¡inténtalo de nuevo! Y cada vez que logres algo nuevo, ¡prémiate!

6. Agradece cada momento feliz que estás viviendo. Yo empecé a hacerlo hace varios años y el hábito me ha enseñado a valorar todas las bendiciones que tengo. Estoy convencida de que cuando agradeces lo que te ocurre, el universo se encarga de mandar más bendiciones. Y eso se convierte en una hermosa cadena que fortalece el músculo de la voluntad más fácilmente. Yo trato de agradecer todo lo que trae bienestar a mi vida. Si alguien dice algo que me alegra el alma se lo agradezco y le explico por qué lo estoy haciendo. Cuando la gente se da cuenta de que lo que está haciendo o diciendo causa una buena impresión en alguien, tiende a multiplicar ese hábito.

Advertencia: al principio te mirarán raro porque no es muy común que la gente agradezca una frase pronunciada.

No importa.

Que nada detenga esa cadena de agradecimiento que redundará en tu éxito y en el de la gente que te rodea. Y no se te olvide agradecer antes de recibir. En el momento en que decretas que vas a recibir algo que tu voluntad se ha propuesto, multiplicas las posibilidades de que ese sueño se haga realidad.

Mis 50 regalos

Siempre soñé cumplir 50 años en París. Serían los 50 de Luz en la Ciudad Luz. Y como otra gran señal de esas que yo encuentro porque todo lo miro atentamente, el 1 de enero de 2015, año de mis 50, me di cuenta de que era el Año Internacional de la Luz.

Dos meses antes de llegar a los 50 decidí que la mejor manera de celebrar mi vida y agradecer todo lo que Dios había permitido que sucediera en ella era haciendo 50 actos de bondad. La idea se me vino a la cabeza un lunes en que fui al centro de Miami a donar ropa y zapatos a la oficina de Dress for Success, una organización que ayuda a mujeres sin recursos a lucir bien para sus entrevistas de trabajo.

Salí de allí convencida de que los otros 49 actos de bondad serían tan fáciles como ese. Y lo peor fue que me puse la meta de hacerlos todos antes del 10 de julio, día en que cumplía mi medio siglo.

La cosa no fue tan fácil como yo creía. Pero me enseñó mucho.

La presión que me puse a mí misma hizo que estuviera más pendiente de lo normal de las maneras en que podía ayudar. Cosas que en otro momento no hubieran tenido en mí ninguna reacción comenzaron a mover el gatillo de la bondad. Desde guiar a una viejita que me preguntó una vez una dirección estando en el parqueadero de Walmart (anduvimos perdidas las dos un rato, pero finalmente la llevé hasta donde necesitaba ir) hasta pagar un almuerzo sin que la persona supiera que había sido yo. Cada vez que hacía uno lo iba apuntando para llevar la cuenta. Y así llegué a 50 años de edad regalando 50 actos de bondad, y tengo que confesar que fue también mi mejor regalo.

Está comprobado que la gratitud llena tu vida de gracia. Cuando agradeces lo que tienes en la vida, eres más consciente de lo que te hace feliz y empiezas a vivir mejor. En un artículo del *Harvard Health Publication*, se explica cómo un sicólogo de la Universidad de California y uno de la Universidad de Miami decidieron investigar los beneficios de la gratitud. Le pidieron a un grupo de estudiantes que escribieran en una lista las cosas por las que estaban agradecidos; a otro grupo le pidieron que escribieran sobre las cosas no tan agradables que habían vivido esa misma semana y a un tercer grupo que escribiera sobre determinadas cosas que les había afectado.

Curiosamente, aquellos que escribieron sobre las cosas de las que estaban agradecidos resultaron ser los que se sentían más optimistas, hacían más ejercicio y tenían la necesidad de cuidar más su salud.

La mejor manera de ser agradecido es practicando la generosidad. Quizás te pase como a mí y te veas en aprietos a la hora de escoger un acto de bondad para dar gracias.

Nunca está de más usar esta lista de formas curiosas y divertidas. Estoy segura de que después de practicarlas te van a regalar un gran fresquito en el alma.

····· Visita un barrio de escasos recursos, entra a un supermercado y págale la compra a la persona más viejita de la fila.
····· Prepara 20 sándwiches y repártelos a los desamparados.
····· Visita un asilo de ancianos. Llévales un buen libro y léeselo.
····· Pega un billete en la puerta de un baño con una notica simpática que hará muy feliz al primero que entre.
····· Escribe noticas motivadoras y pégalas en lugares visibles.
····· Compra juguetes y llévalos a un albergue de niños.
····· Llévale café a un celador.
····· Elige un día en el que solo dirás cosas bonitas a las personas que te hablen.
····· Dona libros o revistas a un hospital.
····· Págale a la persona que viene detrás de ti en un *drive-through* lo que consuma.

Está comprobado que la generosidad reduce el estrés, combate la depresión e incluso alarga la vida. Las personas generosas son más seguras de sí mismas, menos egoístas, y por lo tanto tienen más oportunidad de tener éxito en lo que se propongan. Se sabotean menos y sienten que su existencia tiene un verdadero propósito.

Un estudio del *International Journal of Psychophysiology* descubrió que las personas que hacen labor social tienen la presión arterial más controlada que los que no la hacen.

Sandi Mann, una sicóloga de la Universidad de Central Lancashire decidió organizar durante 14 días una cadena de bondad y analizar el fenómeno. Su ilusión era que al ir haciendo esos actos de bondad la esperanza fuera multiplicándose. Concluyó que las personas que los realizan terminan mucho más satisfechas con sus vidas e incluso mejoran su salud. Tristemente, también se dio cuenta de que muchas personas desconfiaban de la bondad, ya que no hay duda de que estamos educados para sospechar del engaño. El resultado de su experiencia lo contó en su libro *Paying It Forward*.

Es increíble darse cuenta de que estamos más "seguros" de que las personas obrarán mal que bien, y de alguna manera nos parece más normal el egoísmo que la generosidad. Yo estoy convencida de que hacer un acto de bondad siempre cambia dos vidas, la de la persona que lo hace y la de quien lo recibe. Aunque la sorpresa, por ser inusual, cause sospecha, estoy segura también de que siempre sembrará en la persona que la recibe la esperanza de que el mundo puede ser mucho mejor y que en la vida la fe es lo último que se debe perder.

Siempre será mejor estar lleno de fe que lleno de toxinas. Siempre será mejor que la positividad llene tu vida. Vivir rodeado de buena vibra te inyecta energía para que te conviertas en lo que sueñas. No dudes en apoyar a tus amigos, en las buenas y en las malas. Celebrar sus victorias es tan importante como darles ánimo en las derrotas.

Por cierto, no puedo terminar este capítulo sin decirte que estoy segura de que si existe algo mejor que cumplir sueños eso es ayudar a cumplirlos. Y una de mis grandes cómplices a la hora de cumplir sueños ha sido una productora a quien admiro mucho porque siendo una niña de muy bajos recursos que llegó a Los Ángeles a los 17 años, se convirtió en la mujer de sus sueños. Trabajó limpiando casas y cuidando niños, hasta que un día se armó de valor y le pidió a una de sus jefas que la dejara asistir a un curso de producción de televisión que ofrecían de noche. A pesar de ser indocumentada, consiguió estudiar y, más tarde, hacer una pasantía en un *talk show* de televisión. Esa señora que le permitió prepararse es ese ángel de la guarda que siempre aparece para facilitar los procesos que a veces parecen perdidos. Hace unos años, cuando las dos fuimos nominadas al Premio Emmy (cuya ceremonia se celebra en Los Ángeles), me dio un gusto enorme ser testigo del brillo de su carrera en esa misma ciudad donde muchos años atrás, mientras lavaba platos, soñaba con convertirse en lo que es hoy: una exitosa productora de televisión. Cuando le pido un consejo para transmitirle a los que empiezan de la nada, me dice seria y convencida:

"Siempre hay que tener un sueño y verlo realizado en tu mente. Imaginarte la casa que quieres tener, el carro que quieres manejar, el trabajo que quieres hacer. Yo me imaginé hasta cuántos hijos quería tener, y los tuve. A mí me funcionó, y por eso aprendí que tienes que sentirte la protagonista de tu propia historia. Porque nunca será lo mismo ser espectadora que ser protagonista".

SÚBELO A LAS REDES

"El proceso no será fácil, pero en la medida que lo aceptes, lo disfrutes y vayas entendiendo que Dios esta entrenándote para lo próximo que viene, podrás atravesar la turbulencia sin venirte abajo".

"La fe es siempre esa llanta de repuesto que hará que continuemos el camino".

"Si las iglesias estuvieran tan llenas de gente diariamente como están los gimnasios desde la madrugada, el mundo estaría mejor".

"Cuando tu cabeza esta llena de estrés, de miedos, de preocupaciones, se produce una gran interferencia que no permite que recibas y proceses esas señales que siempre, léelo bien, siempre, llegan para mejorar tu vida".

"No hay nada de malo en crear nuestras propias teorías, siempre y cuando nos traigan más felicidad, que debe ser el gran propósito de nuestra vida exitosa".

"Y no se te olvide agradecer antes de recibir. En el momento en que decretas que vas a recibir algo que tu voluntad se ha propuesto, multiplicas las posibilidades de que ese sueño se haga realidad".

"Si existe algo mejor que cumplir sueños, eso es ayudar a cumplirlos".

@luzmadoria

Así me describían las monjas, como si fuera un desodorante.

Julio Iglesias predijo que yo sería periodista.

Ted Danson y Tom Selleck vivieron mi novatada.

"Algún día tendré una revista y tú serás la directora", me dijo Cristina y lo cumplió.

Celia Cruz escribía noticias de agradecimiento después de cada entrevista.

Con Enrique Iglesias.

Sofía Vergara: la estrella hispana más grande de Hollywood y sigue igual de humilde.

El día que olí la muerte en la Zona Cero.

Sí, ese señor que se paró detrás de mí es Bond, James Bond.

A JLo la entrevisté cuando se ganó su primer millón. La volví a ver muchos millones después.

El día que Shakira dirigió *Despierta América*.

Thalía: la única que llama por teléfono y pide lo que quiere. Es una reina.

Su mamá, Jenni Rivera y yo fuimos cómplices de exclusivas. Hoy abrazar a Chiquis es como volver a abrazarla a ella.

Eugenio Derbez: de los grandes, el más humilde.

Lo veo y todavía no lo creo: Oprah Winfrey me sorprendió.

Una paisana que admiro: Nina García, la barranquillera más *chic* del mundo.

Cosas que me gustan: sentarme a hablar con Cala.

El día en que le cumplimos el sueño de ser Audrey Hepburn a Antonieta Collins

CAPÍTULO 6

BUENOS DÍAS, TE QUEDASTE SIN TRABAJO Y SIN SUEÑOS. Y AHORA, ¿QUÉ?

"Hay un fuerte rumor de que van a cancelar un *show* aquí", me dijo una de mis productoras que todavía no sé cómo se enteraba de todo primero. Yo, que soy antirumores, le contesté que no le prestara atención a habladurías sin fundamento.

Tengo que admitir que en nuestro medio las cosas se saben antes de que sucedan, y siempre hay un huequito por donde se cuela la información.

Esta vez fue diferente, pues yo no había oído absolutamente nada.

Recuerdo que era un viernes de un fin de semana largo, y le pregunté a mi jefe directo si él sabía algo sobre el rumor de que cancelarían uno de nuestros programas. Cuando me contestó lo noté sinceramente sorprendido.

Dos horas después me llamó, asegurándome que nada iba a pasar.

Y le creí.

Durante los últimos tres años había tenido tres jefes y había vivido muchos movimientos en la empresa. De todos esos movimientos, en los que despidieron a mucha gente valiosa, no solo me quedé dentro de la empresa sino que uno de esos tres jefes me ascendió a directora de Entretenimiento. En ese cargo tuve la posibilidad de supervisar los programas que había creado y, sobre todo, de darle la posibilidad a productoras que habían empezado conmigo de seguir ascendiendo profesionalmente.

Gracias a que no teníamos mucho presupuesto cuando lanzamos la cadena, todos éramos triplemente creativos. En mi caso, desarrollé el arte de escribir *sketches* de humor, algo que no se me hubiera ocurrido en otro momento profesional.

Recuerdo que el *Notizero*, que empezó como una diversión, se convirtió en un segmento semanal. Tengo que reconocer que además de la planeación de *Escándalo TV* o *La tijera*, mi gran placer era sentarme a escribir el *Notizero,* donde nos burlábamos de todo y de todos. Tenía el privilegio de que los personajes que inventé para que lo condujeran, "Al Minuto" y "María Elena Satélite", los interpretaban magistralmente mis queridos Charytín Goyco y Felipe Viel, de quien solo tengo buenos recuerdos.

En esos momentos de turbulencia laboral hay que ponerse el cinturón de seguridad y esperar. Todos mis jefes eran excelentes seres humanos que querían lo mejor para la empresa y yo me dediqué a cooperar con ellos al cien por ciento.

En TeleFutura formamos un gran equipo joven, competitivo, con las pilas cargadas de energía y un gran sentido del humor, lo que permitía que los momentos de tensión fueran mucho más llevaderos.

Los que trabajamos en televisión, y sobre todo los que hacemos televisión en vivo, sabemos que nunca existen dos días iguales.

Que aquello que planeas el día anterior y dejas perfectamente listo puede cambiar cinco minutos antes de salir al aire. Esa adrenalina constante con la que vivimos corre el peligro de convertirnos en unos gritones acelerados que podemos cambiar de decisión en 30 segundos. Además, en Estados Unidos, por la diferencia de horario, hay que actualizar muchas veces el contenido para la Costa Oeste. Si tu show se origina en la Costa Este, tu trabajo no termina cuando se acaba el programa sino a la hora en que el *show* acaba en la otra costa.

En televisión puedes pasar dos días encerrado en una cabina de edición para ver al aire una historia de cuatro minutos. Y llegar a la oficina sin maleta y estar tres horas después en un aeropuerto.

Todos esos esfuerzos extra hacen que valores mucho la actitud de tu equipo. Que les agradezcas la flexibilidad y la disposición de no fijarse en horarios personales para priorizar los de su programa, aunque todos sabemos que esos cambios de planes son la naturaleza de nuestro trabajo. Pero hay quienes se quejan y otros no. Y los que no se quejan, nos hacen a todos la vida menos difícil. Y eso siempre hay que agradecerlo.

Cuando aquel lunes me avisaron que el martes tendríamos que estar en la oficina mucho más temprano de lo normal porque habría una reunión importante, les avisé a todos los equipos involucrados y todos llegaron puntualmente. A las 9 de la mañana recibí la primera llamada anunciándome que nuestro jefe inmediato había sido despedido. Luego llegó la noticia de que nuestro *show* de la tarde había sido cancelado y que esa misma mañana despediríamos a todas las personas que habían estado en la producción desde el principio de la cadena.

Ese día fue el día más triste de mi vida profesional, pero también se convirtió en el día en que aprendí que lo más importante no es lo que se acaba, sino los recuerdos que se quedan.

Perderlo todo de la noche a la mañana, sin saberlo antes, es el riesgo que se corre cuando no tenemos control de nuestra vida profesional. Cuando somos empleados. Naturalmente, las empresas tienen que ser fieles a su negocio. Y lo primero que aprendí ese día, en medio de la tristeza de ver a mis compañeros quedarse sin trabajo, es que no debemos involucrar los sentimientos y ser completamente conscientes de que el destino puede cambiar de la noche a la mañana.

Cuando sientes que las cosas no están bien en tu trabajo, tienes que mantener la calma. No ganas nada con avivar el fuego. Y, sobre todo, no permitir que los pensamientos fatalistas y negativos se apoderen de tu cabeza. Tampoco eches culpas y mucho menos sientas que es algo personal contra ti. Todos esos sentimientos, que son reacciones completamente normales, lo único que consiguen es agrandar el problema y hacerte sentir peor. Estás en todo tu derecho de ir a preguntarle a tu jefe y él debe convertirse en alguien confiable.

Si te toca vivir esa situación y estás en una posición de liderazgo, debes convertirte en el apoyo del resto. Si el barco se está hundiendo, tú debes ser el último en salir.

Esa noche que cancelaron nuestro programa fui la última en salir de la empresa. Todavía seguía procesando la noticia. No se me quitaban de la cabeza las caras de mis compañeros cuando les dimos la noticia de que se cancelarían sus trabajos. A mí me parecía increíble que todo lo que habíamos construido en 10 años ya no iba a existir más.

La noticia corrió como la pólvora.

Mi teléfono no paraba de recibir *emails*, y yo ni siquiera había procesado la otra noticia: que desde el día siguiente yo sería la productora ejecutiva del *show* matutino número uno en español en la cadena más importante de la televisión hispana de Estados Unidos: *Despierta América*.

El gran fracaso se convirtió en éxito

En este punto probablemente estés pensando: ¡pero esta mujer ¿de qué se queja si salió ganando?! Una vez más le agradecí a Dios y a la empresa que hubiera conservado mi trabajo. Pero este cambio, que fue literalmente de la noche a la mañana, fue tremendamente difícil porque yo no era madrugadora y porque el equipo, que no me conocía, me recibió con mucho recelo.

Curiosamente, dos meses antes de que me nombraran productora ejecutiva de *Despierta América*, mientras veía ese programa, le comenté a mi mamá lo difícil que debía ser formar parte de ese *show*.

"Pobre gente. No sé como hacen para salir al aire a las 7 de la mañana y lucir como si fuera mediodía. Y los del equipo de producción no deben tener vida, porque se tienen que acostar temprano y trabajar desde las cuatro de la mañana. Esa vida yo no la quisiera tener. Yo nunca podría trabajar en ese *show*".

Dos meses después, yo era la productora ejecutiva.

¿Recuerdas el refrán "no digas de esta agua no beberé"? Seguramente Dios aquella mañana se rió de mí y en su libretita celestial de apuntes me puso de primera para aprender mi lección.

Cada vez que recuerdo eso, me río de las veces que lanzamos al aire nuestros pensamientos y luego tenemos que tragarnos las palabras. En mi caso, confieso que no solo me las tragué, sino que las pude saborear porque mi llegada al programa en el que yo nunca hubiera trabajado por voluntad propia se convirtió meses después en mi mayor lección de vida y en la etapa profesional en la que más oportunidad he tenido de realizarme como profesional y de ayudar a cambiar vidas.

Si mientras lees esto tienes alguna duda sobre ir por un camino determinado, te aconsejo que te atrevas. Si nunca hubiera aceptado estar en *Despierta América*, me hubiera negado a mí misma la etapa más feliz de mi vida profesional.

Si estás viviendo un momento muy malo, del que piensas que no podrás salir, te tengo buenas noticias: hay veces que Dios nos quita algo para regalarnos algo mejor.

····· Nunca pierdas la fe. Si comienzas a pensar que estás sin nada, que tus sueños no se van a cumplir y que se apoderó de ti la mala suerte, quizás todo eso sí te ocurra. Recuerda que la mente es poderosa, y lo que pasa por tu mente pasa por tu vida.

····· Mira la situación de una manera positiva. En este momento te vas a atrever a lo que sea porque ya todo está perdido. ¿Por qué no intentar eso que habías querido hacer toda la vida pero no te habías atrevido?

····· Deja de ir por lo seguro y arriésgate a buscar una oportunidad.

Te voy a contar la historia de una de las mujeres que más admiro, a la que tengo la fortuna de conocer personalmente y a quien le tengo mucho cariño. Su nombre es Alina Villasante, y su empresa es Peace Love World, que diseña ropa y accesorios con mensajes positivos de esperanza, amor y paz. Los diseños de esta cubana chic, astuta, inteligente y buena gente son hoy los favoritos de Jennifer Lopez, las Kardashian y hasta de Oprah Winfrey.

Hoy en día se venden alrededor del mundo, y la mismísima Oprah, que adora sus diseños y siempre los pone en la lista de sus favoritos, llamó un día a Alina para que le diseñara en exclusiva la ropa que venderían en su tour motivacional por Estados Unidos.

Pero la historia de Alina no comenzó un día feliz. Comenzó un día que, quizás, como te esté pasando hoy a ti, pensó que lo iba a perder todo.

Alina y su esposo estaban vendiendo la empresa de servicios para aviones que habían comprado justo cuando el mercado estaba en su peor momento. Estaban a punto de perder la casa que habían comprado y habían invertido 50 mil dólares en camisetas, sudaderas y hasta ropa de perros, en las que ella tenía planeado imprimir todos sus hermosos mensajes. Alina, confiando en su idea y en medio de su difícil situación, las imprimió y se las dio a sus hijos para que las vendieran en el colegio. Así empezó la revolución de Peace Love World, pues los diseños se volvieron tendencia de boca en boca y en dos semanas Alina no solo recuperó lo que había invertido sino que obtuvo ganancias.

El resto ya es historia.

Alina pudo vender su empresa de servicios para aviones y decidió invertir en su sueño para hacerlo realidad.

Yo descubrí Peace Love World un día que estaba hojeando revistas y vi a Jlo con unos cómodos pantalones que me encantaron. No solo son cómodos sino que sus mensajes alimentan el alma. Días después, en un viaje a Los Ángeles, compré sus camisetas en el aeropuerto y subí la foto a Instagram. A las pocas horas, alguien le había avisado a Alina que yo era fan de su marca, y una Alina sencilla y muy amable me respondió en redes. Inmediatamente la contactamos para hacerle una entrevista en *Despierta América* de la que yo misma fui de productora. Esa tarde, comprobé que el éxito siempre tiene las mismas señales: pasión, disciplina, entrega... Alina y su magnífico equipo aman lo que hacen. Trabajan de sol a sol. Hace poco fui a las rebajas de Navidad (las filas le dan la vuelta a la manzana) y la propia Alina y su hija estaban ahí afuera trabajando en su depósito como si fuera el primer día que habían abierto la tienda. Algo más: no hay un año, después del terremoto de Haití, que Alina y su gente no viajen a esa isla a ayudar a los niños. Dando es como más se recibe.

Si estás viviendo un mal momento, recuerda que los días más felices de tu vida pueden comenzar el día más triste.

Eso mismo fue lo que le aconsejé hace poco a una periodista joven, brillante y hermosa que comenzó conmigo en *Escándalo TV* y cuya popularidad creció rápidamente: Lilia Luciano.

¿Qué haces si un día te fracturan tu sueño?

Desde que Lilia Luciano llegó a mi vida, fue muy sincera y me dejó muy claro que agradecía la posibilidad de convertirse en la conductora más joven de nuestro *show* del mediodía, pero también enfatizó que lo de ella no era el mundo del entretenimiento. Lilia quería pertenecer al mundo de las noticias serias. Recuerdo que un día, de los muchos que Lilia entró a mi oficina a hablar de sus sueños, le aconsejé que se enfocara en su trabajo y le propuse que fuéramos cambiando la estrategia. Lilia comenzaría a hacer entrevistas más serias para que la percepción de su imagen no fuera únicamente la de la chica bonita que comentaba los escándalos del momento.

De pronto, un día, Lilia recibió la oferta que estaba esperando: trabajar como reportera de noticias de la cadena NBC. Me dio mucha felicidad ver que por fin iba a conseguir lo que quería. Siempre la vi tan determinada y tan segura de su sueño que confirmar que lo iba a realizar me daba la certeza, una vez más, de que lo que pasa por tu mente pasa por tu vida. Así lo recordó ella misma cuando la entrevisté para este libro.

"El día de mi cumpleaños número 26, mientras presenciaba el parto de 33 mineros del centro de la tierra, tuve la sensación de que yo también estaba volviendo a nacer. Esa noche, un comunicado de prensa de la misma cadena que estaba transmitiendo el rescate de los mineros en Chile anunciaba: 'La pasión de Lilia por el periodismo y su experiencia única como reportera la hacen una sólida suma a nuestro equipo', en palabras de Steve Capus, presidente de NBC News. 'Estamos emocionados de incorporarla a nuestro talentoso equipo de corresponsales de NBC News'. El presidente de la organización de noticias más reconocida de Estados Unidos no solo expresó su orgullo en aquel comunicado, sino que me envió una nota personal diciendo: 'No puedo esperar a que inicies tu carrera en NBC... Espero que estés emocionada'. Tampoco puedo olvidar cómo, con ojos llorosos, me extendió la mano para darme la bienvenida diciendo 'Hay veces que en esta carrera hacemos cosas buenas por buenas personas... Este es uno de esos días, y me siento orgulloso".

Yo también me sentía muy orgullosa de su gran salto profesional. Recuerdo que meses después nos reunimos para almorzar y me contó llena de ilusión que la estaban formando en las estaciones afiliadas de la cadena. Cuando por fin Lilia comenzó a trabajar a nivel nacional y la vi como corresponsal con base en Miami, cubriendo las noticias más importantes, me llenó de una inmensa satisfacción. Una de esas noticias que cubrió fue la del asesinato del joven Trayvon Martin. Y ahí su destino profesional dio un triste vuelco, que así recuerda Lilia hoy.

"Me culparon por un error de edición en una historia que yo no había ni escrito ni editado. Se trataba de uno de los escándalos periodísticos más sonados de los últimos años, y la historia en cuestión involucraba dos de los temas que más pasiones despiertan en el público de Estados Unidos: armas y racismo. El canal y su cadena hermana en cable tenían mucho que ganar y perder de dicha cobertura. Uno de los conductores de la cadena había organizado protestas durante toda la semana, por lo que los críticos se lanzaron a acusar a la cadena de haber manipulado la edición por temas de *rating*.

"Cuando estallaron las críticas y se dio a conocer el error, la cadena despidió a la productora responsable de la edición. Recuerdo que el reportaje de David Carr en el *New York Times* decía: "Luego de pasar el mes pasado un clip de audio en *Today Show* sobre George Zimmerman que resultó engañoso, incendiario y totalmente equívoco, NBC News tomó medidas serias: despidió a la productora a cargo del guión y emitió un comunicado pidiendo disculpas por haber hecho al Sr. Zimmerman parecer racista. Lo único que NBC no hizo fue corregir el reportaje al aire en *Today*. A medida que pasaron los días y semanas, las críticas no se detuvieron. El día que dejé de trabajar en la cadena, el mensaje fue muy claro: 'Esto no tiene nada que ver con la historia de Zimmerman. Comprendemos que no fue tu culpa'. Mientras los elevadores de las oficinas de NBC se cerraban detrás de mí, yo sentí que perdía una línea de vida. Perdí el aliento pero no me permití llorar. Había ganado un mundo de destreza, experiencia y confianza en mi potencial. Paso seguido, podía cruzar la calle hacia las oficinas de mi agente para analizar nuevas ofertas de trabajo. Seguramente todos los canales y noticieros estarían felices de contratar a una joven bilingüe con tal preparación y experiencia".

Pero a Lilia no le llegó ni una sola oferta. Fue justo en ese momento que la exitosa reportera se vio cara a cara con los años más difíciles de su vida profesional.

"Recuerdo que yo me mantenía suspendida en aquella nube de optimismo con la que salí de las oficinas de la cadena, cuando todo mi mundo se vino abajo y choqué con la dura realidad. Cada segmento de medios en cada blog y periódico conocido en Estados Unidos me apuntaba como la culpable de aquella edición. Al fin los lobos mediáticos tenían su culpable, y la cadena, sus manos limpias. En los más de tres años que han transcurrido, viví en España, dirigí un documental en Colombia, di charlas, creé mi propia plataforma de entrevistas que he filmado alrededor del mundo, me convertí en emprendedora, en directora, en atleta y hasta mentora. Me entrené en cine, en guión y hasta en experta *opinóloga* de cualquier quién sabe qué. Mis conocimientos y mi sabiduría se han extendido mucho más allá de lo que hubiese sido capaz de imaginar. Pero tengo un problema. Capus tenía razón. Me apasiona el periodismo. He adquirido herramientas que hoy me hacen infinitamente una mejor periodista. He ganado en resistencia. Soy más cínica, más crítica, más curiosa y más osada. Pero todo lo que gané no nivela la balanza ante mi mayor pérdida. Perdí lo imperdible. Perdí mi credibilidad. Mi nombre era tóxico frente a cada puerta que toqué. *Tóxico* no es una exageración, *tóxico* es una cita directa. Temprano en mi carrera comprendí que la televisión es un negocio como cualquier otro, y así como en la guerra y el amor... todo se vale. También comprendí una realidad que pocos 'talentos' logran contemplar: que así como un corresponsal recibe el crédito por el trabajo de otros, también debe estar dispuesto a cargar con el peso de los errores ajenos".

Cuando decidí incluir la historia de Lilia Luciano en este libro, lo hice porque como ella debe haber miles de personas que no entienden por qué el destino les está negando la posibilidad de cumplir su sueño. Peor aún: no entienden por qué el universo les permitió saborear el sueño y luego se lo arrebató. Lilia aprendió su lección como periodista, pero lo triste es que no tiene donde demostrarlo. Pero si algo le admiro y le aplaudo a esta colega de la que tengo el orgullo de haber visto nacer profesionalmente es que no existe nada ni nadie que haya logrado arrebatarle su pasión... Y tampoco el que sigue siendo, una vez más en su vida, su gran sueño.

"Puerta por puerta, he continuado esperando a que pase la tormenta, ante la promesa de que el tiempo sana, la justicia llega y que vivo en el país de las segundas oportunidades. A mi voz la han intentado silenciar con contratos, la he gastado frente al poder de las redes y la perpetuidad del internet, pero hoy mi voz tiene mucho que decir y está cansada de callar. Así como mis nudillos que también cansados sacaron callo, pero no dejaron de tocar. Esa soy yo. No creo en las casualidades, creo en la supervivencia. Si todo pasa por algo, el fracaso me sirvió. Para sacar callo, levantar mi voz y perder el miedo de luchar por mis sueños".

Comenzando otra vez... y sin nada que perder

Mi gran consejo a Lilia Luciano siempre ha sido que nunca se dé por vencida. La experiencia me ha enseñado que cuando estamos en lo que pensamos que es un pozo sin fondo, siempre se abre un hueco por donde uno menos espera y podemos salir triunfantes. Por eso, al día siguiente de haber terminado abruptamente mi trabajo en TeleFutura, decidí comenzar con mi nueva posición en Univision. Ni siquiera quise tomar vacaciones entre uno y otro.

Este reto había que tomarlo en caliente.

Aquí ya no había nada que perder, y con un valor que no sentía 10 años antes, cuando renuncié a Cristina, me presenté ante todo el grupo de *Despierta América* aquella mañana como su nueva jefa.

No recuerdo que hubiera ni una sola sonrisa.

Ni siquiera una *media* sonrisa.

Ellos no esperaban otra jefa en menos de dos años y yo, 24 horas antes, no me imaginaba que ellos iban a ser parte de mi equipo.

Y tengo que admitir que me gustó ver todas esas caras serias. Porque eran sinceras.

No había por qué reírse.

Al menos todavía.

Después de presentarme decidí que esa primera semana me dedicaría a conocer a cada uno de los miembros del equipo de producción y a escuchar de su propia boca su percepción del programa.

Así lo hice y lo repetiría cuantas veces fuera necesario. Eso me permitió conocer las fortalezas de cada uno y saber exactamente dónde creían ellos que comenzaban y terminaban sus responsabilidades.

Cuando uno entra a formar parte de un grupo que no conoce, ya sea como jefe o como empleado, tiene que hacerlo con transparencia. Es muy importante que te presentes como eres y no inventes una personalidad que dos meses después descubrirán que no es la tuya. Solo conseguirás que desconfíen de ti.

Tampoco les hice muchas promesas. Solo les dije que ojalá me pudieran conocer todos algún día.

También te aconsejo que dejes el ego a un lado. Si entras con él, te aseguro que no dejarás espacio para tu éxito. Esa fue la primera decisión que tomé en esta nueva etapa de mi vida.

El ego tendría que salir de ella.

Totalmente.

A partir del momento en que comencé a madrugar (y eso ha sido lo único difícil de esta nueva etapa), decidí que no iba a jugar ningún papel.

Ni entraría envuelta en un título de superioridad.

Si Dios me estaba dando la oportunidad de comenzar de nuevo en este programa, yo iba a hacer todo lo que mi instinto me dijera, sin entrar en chismes, sin permitir rumores, hablándole al grupo con el corazón en la mano y haciéndoles entender que el resultado de esta nueva etapa iba a ser el fruto del trabajo de todos.

Desde ese día, todo se hablaría claramente. Mi oficina estaría abierta para aclarar cualquier duda. Todos íbamos a remar para el mismo lado.

"Donde yo trabaje no puede haber egos, o por lo menos hay que controlarlos", les aclaré enfática.

Controlar el ego es tremendamente difícil. A todos se nos salen las ganas de que nos reconozcan, de que nos feliciten. Lo primero que hice fue encargarme de reconocer públicamente el esfuerzo de los responsables del éxito. Que todos entendieran que el éxito de un equipo es el éxito de todos.

Personalmente he luchado mucho para batallar contra el ego. Ser hija y nieta única te expone a constantes apapachos y elogios. Cuando llegas al trabajo y aplauden lo que haces, corres el peligro de creer que es mérito solo tuyo. Parte de ese entrenamiento que empecé cuando recibí aquel mensaje de mi papá de tratar de ser mejor persona fue comenzar a practicar la generosidad.

Y la recomiendo.

Si tienes la oportunidad en la vida de recomendar o reconocer el talento de alguien, hazlo. Ser el vehículo para que los superiores se enteren de los esfuerzos que realizan tus compañeros de trabajo es de las mejores sensaciones que vas a sentir en la vida.

Una de las cosas que acostumbro a hacer (porque como jefa sé lo que le puede servir a un empleado) es buscar al supervisor de cualquier departamento para hacerle saber que uno de sus empleados hizo un buen trabajo. Cuando siento que alguien se está esforzando, o se esta saliendo de su zona de confort para que yo como cliente quede satisfecha, inmediatamente le hago saber a su jefe la joya que tiene. A mí me gusta extender las cadenas de bondad. Todo el que hace un buen trabajo y se esfuerza merece ser no solo reconocido, sino que merece seguir ascendiendo profesionalmente.

Desafortunadamente, esa no es una costumbre común, ya que los seres humanos, por inseguridad, no nos atrevemos a elogiar los talentos de las personas que nos rodean. Es mucho más común que a los jefes se les notifique sobre los errores que cometen los empleados. Que también es válido hacerlo, pero, ¿por qué no darle honor a quien honor merece?

Solo te puedo recomendar dos cosas, que si las practicas siempre te va a ir bien en la vida:

····· Nunca apagues la luz de alguien para encender la tuya.
····· Ayuda a otros a brillar y no tengas miedo de brillar tú también. Todos merecemos brillar.

Dios me premió con el gran equipo del que me hizo ser parte en esta inesperada etapa de mi vida profesional. A los tres meses de trabajar juntos comenzamos a ver excelentes resultados. Verlos madrugar con entusiasmo me contagia a mí su pasión por su trabajo. Y hoy, después de cuatro años de despertar a América con un excelente equipo humano y profesional, solo puedo decir que esta dormilona que nunca pensó salir a trabajar con la luna afuera, todas las mañanas le da gracias a Dios de tener la dicha de rodearse de un equipo campeón. Y es que así sí vale la pena madrugar.

Controlar, ¿pero hasta dónde?

Durante toda mi vida profesional he sido tan controladora que hay quien por ahí me llama "Controladoria".

Poco a poco he aprendido a delegar, siempre y cuando no reciba sorpresas y esté enterada de todo.

Las personas que trabajan conmigo saben perfectamente que tengo prohibido las sorpresas al aire.

Para mí no hay otra manera de responsabilizarme del éxito o del fracaso que no sea aprobando todo lo que hace mi equipo de trabajo. Siempre me ha gustado formar parte de los procesos, opinar y escuchar las ideas de todos.

Escoger las mejores ideas me emociona. Este proceso en el que una idea se procesa, cambia, se adapta y se lleva a la televisión, que además es tremendamente entretenido, es la mejor parte de mi trabajo. Y gozo tanto llevar a cabo una idea mía como apoyar una idea ajena. Y esa es una de las muchas cualidades que aplaudo de nuestro equipo de *Despierta América*.

Cuando una idea se aprueba, no importa de quién fue, inmediatamente se vuelve de todos, se vuelve nuestra, y todos, tanto el equipo de producción como los presentadores, se esmeran para llevarla a cabo de la mejor manera posible. Y ese aplauso a la hora de la reunión de postproducción lo recibe tanto el creador como los que lo hicieron posible.

Para mí, ese es el verdadero trabajo en equipo.

Cuando tu ayudas a brillar a tu equipo, brillan todos.

Vigila de cerca

Los productores de televisión hacemos que las cosas sucedan.

Ver que algo pasó como queríamos que pasara, es una de las mejores sensaciones de nuestra vida profesional. Eso justamente se lo aconsejo a cualquier profesional: para responsabilizarte del destino de tu carrera tienes que vigilarla de cerca.

Saber todo lo que está pasando alrededor del trabajo que tú haces te garantiza el éxito. Siempre he desconfiado de esos profesionales que se desentienden de los procesos y no estudian los resultados.

Aquí quiero aclarar que todo eso hay que hacerlo sin caer en la obsesión. Porque, querido amigo, todo en exceso es malo. El trabajo debe ser el mejor complemento de nuestra vida y no esa preocupación constante que no nos deja vivir.

Si eres una persona controladora, te aconsejo que empieces a confiar más en los demás. La realidad de la vida es que todo no puede ser como tú digas o como tú quieras.

Por lo general, las personas controladoras son perfeccionistas, y ya hemos hablado en este libro de que la perfección no existe y salir a buscarla cada día te puede alejar de tus metas, frenando tu productividad y aumentando la ansiedad. Si ningún resultado te satisface, te quedarás trabado en lo que se hizo mal y no podrás seguir acercándote a la meta. Siempre aconsejo a las personas que trabajan conmigo que aprendan las lecciones y pasen las páginas con la promesa a sí mismos de que no volverán a cometer el mismo error.

Cuando algo sale mal en nuestro equipo, mi pregunta a la persona que cometió el error siempre es la misma: "¿Qué vas a hacer para que no te vuelva a suceder eso que salió mal?". Esa persona tiene que decirme su plan para que lo que salió mal no vuelva a repetirse.

Un profesional agradece más que lo hagas analizar qué fue lo que realmente hizo mal que lo regañes por hacerlo sin darle las armas para no repetirlo.

Si te quedas paralizado porque las cosas no salieron como tú querías y luego te flagelas porque crees que la gente que está a tu alrededor no sirve o porque crees que debiste hacer las cosas de otra manera para conseguir otro resultado, la ansiedad no te dejará descubrir cuál fue el verdadero problema. Pero si analizas calmadamente dónde se produjo el error, no se te va a olvidar nunca, y la próxima vez sabrás no solo atacarlo, sino predecir cuando se avecina.

La perfección es relativa. Lo que puede ser perfecto para ti puede no serlo para tu jefe o viceversa, y ahí se puede crear otro caos. Justamente, hace poco escuche esta conversación:

"Este reloj no está funcionando".

"Sí está funcionando. Lo que no tiene es la hora correcta".

Quizás la primera persona ha debido decir "este reloj no está funcionando correctamente". Esa conversación sin mayor importancia ilustra lo importante que es comunicarse claramente. Es vital para tu carrera que siempre comuniques claramente tus ideas. De esa manera, no solo nadie podrá refutarlas sino que podrás defenderlas siempre.

A mí me ayuda mucho escribirlas. Y releerlas para asegurarme de que todo está perfectamente explicado. Además, siempre he pensando que si no está escrito, no sucedió. Mantener un registro de las ideas que sugieres siempre será algo que tendrás a tu favor. Y eso es algo que desarma a los controladores.

Si te toca lidiar con un controlador en tu vida tienes que aprender sobre todo que los controladores no son controlables. Es muy común que los controladores no solo quieran que sus vidas sean perfectas, sino también las de sus amigos y personas que los rodean. Confieso que a la "Controladoria" le encanta dar consejos (por algo escribí este libro), pero he aprendido también que no te puedes estar metiendo en las vidas ajenas y hay que respetar las decisiones de los demás.

Mucho menos se puede ir por la vida controlando la de los demás, porque a nadie le gusta que le dirijan su destino. Seguro te suena muy familiar esa amiga que te pone la mano en el hombro y te dice:"Fíjate lo que te voy a decir, eso que estás haciendo no está bien porque...".

Y ahí es cuando te dan ganas de quitarle la mano del hombro y decirle:

"¿Y a ti qué te importa si lo que yo hago está bien o mal?".

Pero ese arranque de sinceridad añadiría otro problema. Entonces, lo que yo haría en este caso es explicarle de una forma muy educada que le agradeces el consejo pero prefieres ser tú quien decida si lo que pasó está bien o mal, porque solo tú conoces las dos caras de la historia.

Compite, pero contigo mismo

Treinta años de carrera profesional me han enseñado a reconocer diferentes tipos de profesionales. Hay uno que sufre mucho y es el que siempre está pensando que nadie lo quiere ni lo toma en cuenta.

Si reconoces a ese personaje y sientes que no te valoran en tu trabajo quizás el que no te valoras eres tú.

Deja ya de ver enemigos por todas partes. El enemigo más grande que puedes tener en tu trabajo vive muy cerca de ti. No está sentado al lado de tu escritorio. Para ser más específica: puede estar cómodamente sentado dentro tu cabeza.

Reconócelo: ¿cuántas veces has caminado por ahí de moco caído lamentando que en tu trabajo no te valoran?

En ese preciso instante comienza el problema.

Cuando empiezas a flagelarte y a pensar que no sirves para nada, sale la víctima que llevas dentro a gritar que, a pesar de lo bueno que eres, no te dan el lugar ni te pagan lo que te mereces. En ese momento en que estás produciendo tu película, en la que en vez de darte el papel de protagonista preferiste ser la víctima, tu rendimiento profesional se fue al piso. Tú, en vez de brillar y demostrar lo que vales, decidiste pensar que nadie te estaba tomando en cuenta y caíste rendido de dolor al piso.

En la vida hay que competir, pero con uno mismo. Sí, hay que mirar lo que está haciendo el de al lado, pero para exigirnos más y llegar más lejos. Pero ¡cuidado!, porque hasta para competir con nosotros mismos hay que seguir las reglas del juego:

1. **No se vale hacer daño.** Compite limpiamente. Y por las razones correctas (no para perjudicar al otro, sino para mejorar tú). Ya te lo dije y te lo repito: nunca se te ocurra disminuir la luz de otro para encender la tuya. Ni de alegrarte de que a otro le vaya mal. El karma laboral existe,

y todo lo malo que hagas subiendo, se te devolverá bajando. Lo tengo más que comprobado. Tampoco planees tu estrategia pensando que acabarás con el enemigo que compite contigo. Planéala pensando que tu estrategia será la que funcione mejor y punto.

2. Analiza tus debilidades. Mira a tu alrededor y fíjate en lo que necesitas aprender. Entiende por qué te estás quedando atrás. Dedícate a convertir esas debilidades en fortalezas y ofrecérselas a tu supervisor para que tu trabajo se beneficie.

3. Empodera a la gente que te rodea. Cooperar es la clave. La competencia contigo mismo comienza en el momento en que te creces ante un proyecto y sientes que vas a crear las condiciones para que sea un éxito. Rodéate de gente que sepa más que tú y aprende. Que te vean dueño de tu territorio.

4. Fumiga tu cerebro contra los pensamientos saboteadores. En el proceso te vas volviendo chiquitico y te vas despojando tú mismo del poder de ser un triunfador. Cada vez que te lleguen a la cabeza esos pensamientos, reemplázalos por un *#yopuedo #lolograré #soycapaz*.

5. Busca una fuente de inspiración. Competir correctamente es un arte que debe llenarte el cerebro y el alma de razones poderosas para conseguir el éxito. Habla con gente que admires. Pregúntales cuáles son sus fórmulas y aplícalas.

6. No seas duro contigo. No te flageles. La competencia es personal, y más que castigarte tienes que convertirte en tu mejor motivador.

7. Establece un tiempo realista para conseguir tus metas. No te midas contra los demás, mídete contra ti. Si miras constantemente hacia el lado no será saludable y te debilitará. Los débiles no ganan las competencias.

8. Examínate bien. En este punto del libro (y de tu vida) ¿ya sabes cuál es tu misión? Si la respuesta es sí y la tienes clara, entonces vas por buen camino.

9. ¿Qué haces para mejorar diariamente cuando tu jefe no te está mirando? Si haces algo que mejora tu desempeño laboral cada día, entonces, ¡felicidades! Ya vas ganando la competencia.

Hace un tiempo, una profesional que admiro mucho me pidió una cita para comentarme algo personal. En cuanto me tuvo enfrente me dijo sin detenerse un segundo:

"Luzma, siento que nadie toma en serio mi trabajo. Que me estoy pasando de buena gente. Que yo hago ver tan fácil todo lo que hago, que nadie lo valora y estoy perdiendo clientes que me han quitado mis propias socias a las que yo he ayudado. Incluso estoy poniendo dinero de mi propio bolsillo para sacar adelante unos proyectos que no son míos pero que quiero que luzcan maravillosos, y nadie lo agradece. ¿Qué estoy haciendo mal, Luzma?".

Cuando terminó de hablar, le dije: "Tú sabes perfectamente lo que estás haciendo mal. Has venido a que yo te dé un consejo y veo que tú misma sabes exactamente cuál es el problema y, por lo que veo, también sabes cuál es la solución".

Mi querido lector: en este punto del libro tengo que decirte algo: se puede ser bueno. Bondadoso. Colaborador.

Pero, por favor, no seas pendejo.

No podemos ser los boicoteadores de nuestros resultados.

Recuerda esto: si la solución te perjudica, entonces no es una solución. Cuando somos los suficientemente inteligentes como mi amiga, para ver y entender el problema, hay que tomar el toro por los cuernos y hacer borrón y cuenta nueva.

El problema de mi amiga es muy común entre las mujeres. Me lo han venido a decir muchas, muchas, veces (nunca un hombre). Si nosotros no valoramos nuestro trabajo, nadie más lo va a hacer. Advertencia: en ese proceso en el que te mostrarás más fuerte y cambiarás tu actitud de caperucita roja a lobo feroz, seguramente perderás unos cuantos amigos en el camino.

Te tengo noticias: si los pierdes, no eran tus amigos.

Es muy importante que sepas que la palabra complacer no aparece en ningún manual de éxito. Entonces, si quieres convertirte en lo que sueñas, pierde el temor a caer mal o a que digan que ya no eres tan buena persona.

Tú sabes lo que eres y es lo único que importa.

Tienes que desarrollar tu reputación de la misma manera en la que las empresas grandes construyen los valores de su marca.

Tu nombre es tu marca

¿Qué estas haciendo para lograr que tu nombre tenga valor? ¿Qué es lo que primero que le viene a la gente a la cabeza cuando menciona tu nombre?

Aprende que tu nombre es tu marca y que no solo hay que hacer las cosas bien, sino también lograr que se conozca.

Construir tu marca es diseñar tu reputación. Piensa en Coca-Cola. Disney. Apple. ¿Qué adjetivos asocias a esas marcas? Eso mismo debe pasar cuando se mencione tu nombre en tu empresa. Tu reputación es tu marca.

La razón por la que te contratan.

Tu fortaleza.

Lo que sabes hacer mejor que nadie.

Eso que tu jefe sabe que solo encontrará en ti.

Teniendo eso muy claro, ahora te pregunto: ¿sobresales por lo que haces o te confundes entre el montón?

Si te confundes entre el montón debes crear un plan para que muy pronto tu nombre sea sinónimo de camino seguro al éxito:

1. Piensa bien. Si estuvieras un minuto en un elevador con el director de la empresa donde sueñas trabajar, ¿cómo te venderías? ¿Cómo vas a atraer a la gente hacia ti? Creando tu declaración de principios. ¿Cuál es el propósito de lo que haces? ¿Cuál es tu misión y cómo la haces realidad con tu trabajo?

Alguna vez leí una frase que me encantó: "La gente no compra lo que tú haces sino por qué lo haces". En esa frase se esconde la razón más importante de tu profesión: ¿por qué lo haces? Detrás de la necesidad económica que todos tenemos, siempre debe haber una pasión. Descubre por qué lo haces y eso se convertirá en tu misión.

2. Para crecer profesionalmente hay que destacarse, y si hablamos aquí como hablan las empresas, te diría que tienes que valorarte. Además del reconocimiento, una marca consagrada obtiene la lealtad de sus clientes. Eso mismo es lo que debes recibir, y para lograrlo tienes que convertirte en un experto en tu área. Investiga, estudia, compara. Presenta resultados. Que cada vez que hables, ofrezcas una solución. Tus jefes tienen que confiar en ti. Que cuando haya un problema, sea tu nombre lo primero que venga a la cabeza para resolverlo, y de igual forma, que cuando haya una oportunidad seas tú al que asignen para sacarle provecho. Por lo general, a los empleados nos encanta juzgar a las empresas en las que trabajamos. Siempre creemos que nosotros podríamos haber tomado una mejor decisión. Pero vergonzosamente nunca somos nosotros los que aportamos esa solución al problema. Te propongo que en este momento le presentes a tu empresa la próxima GRAN IDEA. La que hará que cambie su destino. La que ocupará los titulares. Esa idea, mi querido lector, puede ser tuya. Así que deja de quejarte de una vez de la ineptitud de los que te rodean y demuestra que tú acabas de encontrar el mapa que conduce al tesoro.

3. Crea tu propio portal de internet y utiliza las redes sociales para dar a conocer lo que haces. Usa el poder de las redes sociales de manera que se sepa para qué sirves. ¿Qué pasaría si en este momento alguien estuviera buscando tu nombre en Google? ¿Qué fotos aparecen? Estudia tus propios resultados, y si no se parecen a lo que quieres representar, te estás alejando de tu misión. Tanto tus redes como tu sitio web deben dejar bien establecido a quién quieres dirigirte. Cuando lo sepas y lo tengas claro, empiezas a crear tu mensaje.

4. Sé auténtico, real y coherente. Tus contactos son tus mejores relaciones públicas, los que van a ir hablando de ti a donde lleguen. Deja siempre una buena impresión y, sobre todo, ayúdalos. Crear cadenas de ayuda profesional tiene como resultado otra cadena de agradecimiento que redundará en el éxito de todos.

5. Mantente visible, pero no en todos lados. No tienes que convertirte en el más sociable del trabajo, pero sí debes estar en los lugares donde puedas conocer más personas que te ayuden a cumplir tu misión.

6. Saber tu valor y recibir el reconocimiento debe ser un proceso en el que además debes demostrar tu madurez para manejar tu excelencia. Nunca te detengas a recordar tus cualidades porque estarás pecando de ególatra. En ese momento destruirás todo lo que has construido. Creernos indispensables es el principio del fin. Las grandes marcas no van por la vida repitiendo lo buenas que son. Y tampoco te duermas en los laureles. Lo que tú ofreces siempre puede mejorar. ¿Una de mis palabras favoritas en la vida? Sorprender. Supérate a ti mismo; esa sorpresa que ofreces de pronto siempre será la confirmación de que no hay quien te detenga.

SÚBELO A LAS REDES

"Lo más importante no es lo que se acaba,
sino los recuerdos que se quedan".

"Si tienes la oportunidad en la vida de recomendar o reconocer
el talento de alguien, hazlo. Ser el vehículo para que los superiores
se enteren de los esfuerzos que realizan tus compañeros de trabajo
es de las mejores sensaciones que vas a sentir en la vida".

"El trabajo debe ser el mejor complemento de nuestra vida
y no esa preocupación constante que no nos deja vivir".

"Nunca apagues la luz de alguien para encender la tuya.
Y nunca te dé miedo brillar más que los demás".

"Para responsabilizarte del destino de tu carrera tienes
que vigilarla de cerca".

"El karma laboral existe, y todo lo malo que hagas subiendo,
se te devolverá bajando".

"El enemigo más grande que puedes tener en tu trabajo vive
muy cerca de ti. Y no esta sentado al lado de tu escritorio; para ser más
específica: puede estar cómodamente sentado dentro de tu cabeza".

"Tu nombre es la promesa de lo que vas a dar donde estés trabajando. La razón por la que te contratan. Tu fortaleza. Lo que sabes hacer
mejor que nadie. Eso que tu jefe sabe que solo encontrará en ti".

"Crear cadenas de ayuda profesional tiene como resultado otra
cadena de agradecimiento que redundará en el éxito de todos".

"Creernos indispensables es el principio del fin. Las grandes
marcas no van por la vida repitiendo lo buenas que son".

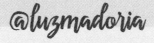

@luzmadoria

CAPÍTULO 7

¡OH! ES OPRAH, Y ESTÁ HABLANDO DE MÍ (UN CAPÍTULO APARTE)

———

"Te tengo una noticia que no vas a creer", me dijo Víctor Santiago, productor general y director de *Despierta América*. "Oprah está ofreciendo una sola entrevista a un medio en español para promover su película *Selma* y escogió a *Despierta América*. Aún no tengo más detalles. Te mantengo al tanto".

Efectivamente. No lo podía creer. Oprah hablando ante un micrófono y una cámara nuestra era el mejor regalo de Navidad que nos podían dar en ese 2014.

"Yo voy de productora de esa entrevista", le dije a Víctor. "Por Oprah me monto a un avión a donde sea". Me quedé pensando en las vueltas que da la vida y en como todo lo que uno desea puede hacerse realidad. Seis meses antes, Alejandro Chabán me había sorprendido con una entrada para asistir a The Life You Want Tour (La vida que tú deseas), la gira motivacional que Oprah ofreció con sus amigos Deepak Chopra, Elizabeth Gilbert e Yyanla Vanzant. Fueron dos días maravillosos llenos de buena vibra, de empoderamiento, de subir la autoestima.

De inyectarnos el alma de ese sentimiento delicioso, mezcla de paz e inspiración, que hace que uno se sienta invencible.

Poderoso.

Generoso.

Ilusionado

Valiente.

Inspirado.

Mientras yo la veía allí, caminando entre el público del American Airlines Arena en Miami, pensaba que ya estar con ella bajo el mismo techo era un regalo. Oprah para mí es admirable porque representa todos los obstáculos que se pueden superar. Pertenece a una minoría, no tuvo recursos económicos, sufrió abusos sexuales de niña, ocultó su embarazo, perdió un bebé. Le dijeron que no iba a servir para estar en la televisión. Y ahí la tenemos: más grande que la vida.

Triunfadora.

Poderosa.

Sencilla.

Dedicada a lo que le dio la gana.

Primero a tener el *talk show* más visto de la televisión y luego a tener su propia cadena de televisión con el solo propósito de servir, cambiar vidas y utilizar las experiencias de las personas que han marcado una diferencia para demostrarte a ti y a mí que todos podemos lograr lo mismo. A pesar de su grandeza, Oprah ha compartido todos sus miedos y problemas, lo que la ha hecho más humana. Más normal. Y esa normalidad nos hace a todos parecernos a Oprah.

Yo la descubrí cuando trabajaba con Cristina. De hecho, a Cristina le decían la Oprah hispana. Cuando Cristina estuvo en su programa, Oprah tuvo la generosidad de decirle al público:

"A ella le dicen la Oprah hispana. Lo que ella no sabe es que a mí me dicen la Cristina negra".

Por todo eso, que Oprah concediera una entrevista a *Despierta América* me llenaba de ilusión y de orgullo.

Cuando por fin llegó el anuncio de la fecha, me cayó un balde de agua fría. La entrevista sería en Los Ángeles, el mismo día que yo debía estar produciendo en Miami 6 horas de Teletón USA.

"No estaba para mí conocerla", le dije a Víctor. "No es el momento. Por lo menos, todavía".

"Yo te produzco Teletón USA", me dijo Víctor con una generosidad muy común en él y que siempre le agradeceré. Pero no acepté su oferta porque para mí producir parte de Teletón USA es más importante que cualquier deseo personal que pueda ver cumplido.

Una semana antes de Teletón USA, nos avisaron que Oprah había cambiado el lugar de la entrevista de Los Ángeles a Nueva York. Pero igual seguía coincidiendo con las horas de Teletón USA. Entonces se me ocurrió la idea de que Cristina fuera a entrevistarla para *Despierta América*.

Hubiera sido histórico. Cristina entrevistando a Oprah. Se lo propuse a Cristina pero no aceptó. También iba a participar en Teletón USA esa noche y no podría llegar a tiempo a Nueva York.

El día que salía la entrevista de Oprah al aire, realizada por nuestra talentosa corresponsal Birmania Ríos, yo estaba en la sala de control. Curiosamente, esa mañana, nuestros presentadores iban a hacer un *sketch* de superhéroes y debían disfrazarse. La productora de línea me indicó temprano que no había tiempo para que los talentos se cambiaran durante comerciales.

"Déjalos vestidos de superhéroes", le dije. "Vamos a dedicarle el programa de hoy a todos los héroes sin disfraz que nos ven".

Las mamás solteras.

Los papás solos.

Las abuelitas que cuidan a sus nietos.

Los hijos que cuidan a sus padres. Los maestros. Las nanas. Los que trabajan de noche. Los enfermos que no pueden trabajar y están solos en los hospitales. Los que trabajan en los hospitales...

Y así fue.

Cuando llegó el momento de presentar la entrevista de Oprah, les pedí silencio a todos para no perderme ni un segundo. De pronto, vi que Alan Tacher, disfrazado de superhéroe, entró a la sala de control.

Normalmente, los talentos no suben al control durante el *show* en vivo. Pero ese día Alan me había hecho varias preguntas, y cuando lo vi entrar durante la entrevista de Birmania a Oprah, pensé que otra vez necesitaba algo. Cuando miré hacia la puerta, me pareció ver también a Víctor, pero Víctor no podía estar ahí porque estaba de vacaciones esa semana. De pronto, Alan se paró a mi lado y me dijo frente a una cámara que estaba escondida que yo era la superheroína de todos ellos. Tengo que reconocer que la sorpresa me emocionó mucho. Siempre digo que nunca he hecho nada para que la gente con la que trabajo me quiera. Todas las decisiones que he tomado y la manera en que he entrenado a mis equipos, han sido por el bien de todos. Si todo eso ha contribuido a que me quieran, es algo de lo que siempre en mi vida estaré verdaderamente agradecida. De pronto, Alan continuó diciendo al aire:

"Sabemos que admiras mucho a Oprah Winfrey. De líder a otra líder que es Oprah Winfrey, mira lo que ella te tiene que decir. De pronto escuché a Oprah Winfrey diciendo mi nombre.

"Luz María", dijo Oprah. "Esto es para ti". Sí, era Oprah hablando de Luz María...

Hablándome a mí. Miré al monitor y ahí estaba. La mujer que yo tanto admiraba. Y entendí que la vida te cambia el guión en el momento menos pensado y sin avisarte. Que en vez de pensar siempre en la fatalidad, debemos programarnos a pensar que solo nos van a pasar cosas buenas.

La posibilidad es la misma.

Yo lo comprobé esa mañana cuando esa mujer grandiosa, Oprah Winfrey, a la que yo había visto sorprender a tantos, me estaba sorprendiendo a mí y diciéndome unas palabras que se quedaron guardadas para siempre en mi corazón por su exquisita bondad.

"Todo el que habla de ti, especialmente los que han trabajado contigo, se expresan con tal calidez y amabilidad. Dicen que eres una de las jefas más afables, generosas y amorosas que jamás hayan tenido ¡Ahh!, yo sé lo difícil que es ser directora y una jefa amorosa al mismo tiempo.

Te quiero desear que todo ese mismo amor, esa gracia y esa amabilidad que tú le dedicas a tus empleados y a tus compañeros, se te multipliquen por cien. Que Dios te bendiga y que tengas una Navidad bendecida". Lloré. Me reí. Abracé a Alan. Y sospeché que Víctor Santiago, que efectivamente estaba escondido en la sala de control, era el responsable de la sorpresa más grande de mi vida.

Víctor fue el cerebro creativo. Como no pude viajar a conocer a Oprah, él decidió producir la sorpresa. Birmania, en Nueva York, fue la encargada de decirle a Oprah que me mandara el saludo. Aunque la noticia fue que Oprah sorprendió a Luzma, para mí además tuvo un valor agregado muy grande: Oprah se convirtió ese día en la portavoz de mis compañeros de trabajo, a los que quiero y admiro con toda el alma. A ella, por supuesto, siempre le voy a agradecer que aceptara darme esa sorpresa. Porque pudo haber dicho que no, que gracias por pensar en ella y punto.

Cuando le pregunté a Birmania qué le había dicho para convencerla, me respondió:

"Luzma, ¡yo estaba tan nerviosa! Aproveché mientras le ponían el micrófono para decirle que si por favor le mandaba un mensaje a mi jefa. '¿Y cómo es ella?', me preguntó. Le dije que tú eras una gran líder, pero sobre todo un gran ser humano, y en ese momento me interrumpió y me dijo: 'Eso era lo que necesitaba saber', como si al escuchar que eras un buen ser humano hubiera tenido la seguridad de que yo no lo estaba haciendo por impresionarte con un mensaje de Oprah Winfrey, sino porque te lo merecías".

Cuando Birmania me detalló lo que pasó detrás de cámaras me emocioné más; y cuando leí en su libro *Lo que he aprendido en la vida* que Oprah no hace nada de lo que su corazón no esté completamente seguro, el agradecimiento se duplicó.

Si me hubieran dicho que Oprah me daría una sorpresa en el mismo programa que produzco, hubiera jurado mil veces que no era posible. Que eso no podría pasar porque en mi programa la orden es muy clara: no acepto que me den sorpresas. Tengo que estar enterada de todo.

Y, además, no tengo por qué salir en cámara.

Pero ese día Dios se encargó de mandarme una bendición explosiva que yo no necesitaba aprobar.

Lo que he aprendido en la vida es que todo es posible. No hay ningún deseo, por muy increíble que parezca, que no pueda hacerse realidad.

Algunas veces, serás tú mismo quien con tu esfuerzo logres llegar hasta él.

Otras veces, el mismo destino, al que le encanta dar sorpresas, intercederá para que lo logres.

En cualquier caso, llegarás a tu meta si la visualizas y si todos los días piensas y creas la manera de llegar a ella. Estoy segura de que si abres tu corazón a todas las posibilidades de felicidad, abundancia, sueños cumplidos, generosidad, creatividad, prosperidad y éxito, todo eso te llegará. No olvides mostrar tu agradecimiento ayudando a otros a lograr sus sueños (como hicieron mis queridos Víctor y Birmania por mí), porque cuando lo haces, no solo aumentas tus propias bendiciones sino que haces posible que otros multipliquen las suyas.

Solo tienes que abrazarte a la fe de que conseguirás lo que quieres, expresando tus deseos y haciéndote contigo mismo el compromiso de trabajar por y para tus sueños.

El destino se encargará del resto. Y prepárate a recibir todas las cosas que el universo tiene para ti.

Aquí lo dejo escrito convencida de que va a ocurrir.

Algún día nos conoceremos, Oprah Winfrey. ¡Y te daré un abrazo largo y fuerte de agradecimiento por todo lo que me has inspirado a hacer en esta vida!

SÚBELO A LAS REDES

"Prepárate a recibir todas las cosas
que el universo tiene para ti".

"Si abres tu corazón a todas las posibilidades de
felicidad, abundancia, sueños cumplidos, generosidad,
creatividad, prosperidad y éxito, todo eso te llegará".

"No hay ningún deseo, por muy increíble
que parezca, que no pueda hacerse realidad".

"No se te olvide mostrar tu agradecimiento ayudando
a otros a lograr sus sueños, porque cuando lo haces,
no solo aumentas tus propias bendiciones sino que haces
posible que otros multipliquen las suyas".

"La vida te cambia el guión en el momento menos
pensado y sin avisarte. En vez de pensar siempre en
la fatalidad, debemos programarnos a pensar que solo
nos van a pasar cosas buenas".

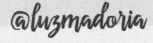

@luzmadoria

CAPÍTULO 8

NUTELLA, CARTERAS Y WIFI (¡AUXILIO, ME QUIERO DESCONECTAR!)

———————

Desde el momento en que descubrí mi propósito, todo comenzó a desarrollarse alrededor de ese deseo de inspirar y mejorar las vidas de las personas que no se atreven a hacerlo por miedo.

Por pensar que el éxito es algo que les pasa a otros y no a ellos.

Y entonces la ley de atracción comenzó a funcionar en mi vida de una manera asombrosa.

Sin yo mover un solo dedo, de pronto empezaron a llegarme invitaciones para hablar en eventos que empoderaban a la mujer. Estoy convencida de que todo se alinea a tu favor a partir del momento en que tienes claro el camino que quieres seguir.

Todas esas invitaciones solo tenían un inconveniente: mi miedo a hablar en público. Pronto descubrí que, cuando hay un propósito, el miedo tiene que desaparecer. No es lo mismo hablar de famosos en un *show* de televisión, que compartir las fórmulas de éxito de las que he sido testigo.

El solo hecho de pensar que iba a cambiar una vida inspirando a una persona, hacía que el miedo se disipara un poco y me llenara de confianza.

Curiosamente, la primera invitación la recibí de la revista *Vanidades*. Sería parte de un panel en los que se discutiría el poder de las mujeres en la televisión. Acepté con todo y mi miedo de hablar en público, porque me parecía inspirador que la revista más importante de la empresa donde yo había empezado mi carrera me invitara. Mis compañeras de panel eran nada menos que el elenco del programa *The Real Housewives of Miami*. Todas ellas delgadas, sin una gota de grasa, ricas, con bolsos de marca... y famosas. Yo estaba sentada en el extremo del panel moderado por un periodista de la BBC. Las preguntas iban por orden de silla. Mientras todas esas mujeres bellas, finas y famosas hablaban de cómo el exponer sus días constantemente ante las cámaras les había cambiado la vida, yo pensaba:

"¿Y qué hago yo aquí?".

Mi vida nada tenía que ver con las suyas.

De pronto, el moderador, como si leyera la mente, se saltó el orden y dirigió su pregunta hacia mí.

"Y a usted, Luz María, que está detrás de las cámaras, ¿no le gustaría que las cámaras la siguieran y formar parte de un *reality*?

"¿A mí? ¡Ni loca!", le respondí sin pensar mucho. "Para que usted me entienda: ¡yo soy de las que va al supermercado en pijama!".

El público, completamente femenino, se unió en una sola carcajada, y ahí me di cuenta de que eran mujeres comunes y corrientes, como yo, reales, que seguramente como yo también tenían imitaciones de las mismas carteras de las amas de casa de Miami, pero que madrugaban para llevar a los niños al colegio y trabajaban sin parar para convertirse en las mujeres de sus sueños.

No hay nada más fuerte que las mujeres cuando se unen. Somos capaces de todo. Cuando nos apoyamos pueden suceder grandes cosas. Jessica Rodríguez, vicepresidenta ejecutiva y CMO (*Chief Marketing Officer*) de Univision, creó hace tres años el Women's Leadership Council (WLC), al que tuve la fortuna de ser invitada a participar.

Desde hace tres años, las mujeres de nuestra empresa interesadas en convertirse en líderes pueden matricularse para hacer un curso sobre liderazgo que dicta una prestigiosa institución universitaria de Estados Unidos. Esta iniciativa maravillosa ha servido para capacitarlas, para que descubran sus fortalezas y, sobre todo, para crear una maravillosa hermandad entre todas ellas.

La primera vez que el WLC me invitó a contar mi historia, yo acababa de llegar de Orlando, adonde *Vanidades* me había invitado de nuevo a participar en su segundo panel de liderazgo. La semana anterior había estado en Nueva York compartiendo experiencias con productoras de *Good Morning America*, CNN y *Katie* y frente a 250 relacionistas públicos que querían saber cuál era la mejor manera de captar el interés de un productor de televisión. En ambos paneles me sentí como pez en el agua, aunque con los nervios previos que siempre me hacen sudar las manos y que al final, cuando le doy orden a mi mente que hable con el corazón, se me quitan.

Esta vez era diferente.

El terror de hablar en público ante mis compañeros de trabajo era tres veces mayor. Estaría compartiendo mi historia con las personas con las que trabajo.

Ver de frente a mis propios compañeros, escuchándonos con atención a todos los del panel y haciéndonos preguntas, me conmovió. Escuchar las historias y consejos de mis compañeras de panel, me llenó de buena vibra y positividad. Y las preguntas y agradecimientos posteriores del público me hicieron sentir esa responsabilidad inmensa que tenemos todos los profesionales más experimentados con todos aquellos que vienen detrás.

Ahí entendí la necesidad de compartir las fórmulas que más nos funcionan. No solamente para que las copien, sino para que las apliquen en caso de que se vean en situaciones parecidas y no se sientan solos en el camino. En esos momentos que sentí respirar ilusionadas a mis compañeras de trabajo, comenzó a gestarse en mi mente este libro. ¡Gracias WLC, por inspirarme a escribirlo!

Si toda mi vida la había dedicado a escribirles a otras personas lo que debían decir, ¿por qué no atreverme a escribir yo misma lo que quiero decir a los que quieren convertirse en lo que sueñan?

Hace un tiempo, motivado por la sorpresa que me dio Oprah, el Club de Lectura del WLC me invitó a que compartiéramos opiniones sobre su libro *Lo que he aprendido en la vida*. Además de hablarles y contarles mi historia, quise que todas las asistentes compartieran la suya apoyándose en ciertas frases que escogí estratégicamente del libro. ¡Cuánto talento quedó al descubierto esa tarde! ¡Cuántas experiencias enriquecedoras escuché ese día!

Tres meses después, recibí una llamada para decirme que estaría a la cabeza del WLC en Miami y compartiría ese honor con Desireé León, una de las chicas que siempre creyó en mí y me invitaba a participar en los eventos del WLC.

A eso yo lo llamo el universo conspirando.

Nuevamente Dios creando maneras de cumplir la misión que elegí y el propósito que quiero perseguir.

Estoy convencida y por eso debo repetirlo: cuando las mujeres nos unimos producimos una fuerza que puede crear cosas maravillosas. Sobre todo cuando nos desahogamos. Somos como cofres de tesoros escondidos. Si algún pirata aparece para abrirlo, ¡que se prepare!

Compartir historias es saludable. Recuerdo que en mis inicios en televisión hablaba mucho con la productora ejecutiva de otro programa hermano y eso me servía de terapia. A veces uno piensa que hay cosas que solo te están sucediendo a ti. Y cuando las compartes no solo te das cuenta de que le pasan a todo el mundo; muchas veces eso que te está sucediendo no es nada comparado al resto.

Una de las reglas básicas para convertirte en la mujer de tus sueños es no ahogarte en un vaso de agua. Deja el pataleo para cuando estés ahogándote en altamar y rodeada de tiburones. Recuerdo que me pasó algo curioso con una de mis mejo*res* productoras cuando nos dio la feliz noticia de que estaba embarazada. Como buena productora, es muy creativa, y a las siete semanas de em*baraz*o ya tenía todos los síntomas que indican los libros que deben presentar las mujeres embarazadas. Una mañana, durante el show, entró llorando a mi oficina a confesarme que se sentía tan mal el día anterior que no había leído las instrucciones que le envié en un email. En ese momento le hablé de mujer profesional a mujer profesional. Y que esto te sirva también.

"Si te sientes mal, no vengas a trabajar", le dije. "La salud siempre está primero".

La prueba de que no debía ir a trabajar estaba en que, si antes se sentía mal por su estado, ahora se sentía doblemente mal porque su segmento al aire había quedado peor.

"Es que soy muy responsable con mi trabajo y no quería quedarme en casa", me dijo llorando.

Hay que ser responsable con la salud. Ese día aproveché para darle un consejo que siempre le repito a todas las madres trabajadoras:

Nunca, nunca, debemos permitir que los hijos se nos conviertan en una excusa para no hacer bien nuestro trabajo. Nuestros hijos deben ser nuestro mayor motor, nunca nuestro impedimento. Si queremos trabajar y ser mamás, debemos hacerlo con la frente en alto y demostrándole al mundo que somos unas guerreras. Pero no se vale echarle la culpa a nuestros hijos de que no tuvimos tiempo de terminar un proyecto. Si elegimos este circo de tres pistas como nuestra vida, debemos salir airosas.

Nuestros hijos deben entender que gracias a nuestro trabajo ellos tienen colegio, casa, juguetes, viajes y regalos. Y, sobre todo, que es parte de nuestra realización personal. Ya dije antes que los hijos siempre van primero, en caso de que estén enfermos o de que tenemos que acompañarlos a un evento importante del colegio. Pero en el día a día de nuestro trabajo, nuestros hijos siempre deben ser ese motor que nos impulsa a volar más alto.

Desafortunadamente, la velocidad a la que muchos jefes llevamos nuestras vidas, siempre enfocados en los planes que hay que cumplir y en los resultados que hay que entregar, no deja aparentemente tiempo para sentarnos 15 minutos a escuchar a los que sueñan con seguir escalando posiciones en la empresa. Con esos que quieren volar más alto.

Yo, que tengo muy fresca aún en la memoria a aquella niña de Cartagena que empezó a ser parte de la fuerza laboral de Estados Unidos hace 30 años, siempre trato de tener mi oficina abierta a los que están comenzando.

La palabra mágica que siempre pronuncia Emilio Estefan

Yo voto para que todos los que llevamos la delantera en tiempo y experiencia, compartamos la sabiduría que nos han dejado esos años de experiencia. Alguien que siempre la comparte es Emilio Estefan. Músico legendario. Empresario exitoso. Siempre tiene la palabra exacta y el consejo perfecto. El famoso más sencillo *que conozco.*

Por eso tenía que estar en este libro.

———

¿Cuál fue el primer paso que diste para alcanzar tus sueños?

Creer en mí mismo. Hay que creer en algo que te dé la confianza de no cambiar, como tu nombre o un sonido, porque alguien lo quiera cambiar. Uno tiene que ser lo que uno es. No puedes dejar que nadie te cambie el futuro, uno tiene su propio destino. Es importante no permitir que una persona te diga que tienes que cambiar tu nombre para triunfar o que tienes que cambiar un sonido.

———

¿Cómo aprendiste a combatir el miedo?

Hay miedo y amor, como hay cosas negativas y positivas. Yo siempre me enfoco en el amor y en las cosas positivas. Así se combate el miedo.

———

¿Cuál ha sido el mejor consejo que has recibido en la vida?

Hay que tener honestidad, lealtad, perseverancia y ser agradecido. La lealtad especialmente es el agradecimiento a gente que siempre está presente con su apoyo y amistad. Hay una palabra mágica que mucha gente se olvida decir y es gracias.

———

¿Puedes decir que eres lo que soñaste de niño?

Ni Gloria ni yo soñamos poder llegar a donde hemos llegado. Uno puede tener mucha esperanza y sueños, pero creo que hemos conseguido más de lo que habíamos soñado. Y eso no se hace solo, se logra con el apoyo de mucha gente. Como niños latinos e inmigrantes, ni siquiera el pensamiento cruzó por nuestras mentes. Por eso mi sueño es poder inspirar a una nueva generación de que todo se puede alcanzar.

La filosofía de María Antonieta Collins: levantarse, reinventarse y ser la mejor

Cuando pienso en mujeres que se han caído, se han levantado y se han reinventado, siempre la primera en la lista es la reina de las reporteras de la televisión hispana en Estados Unidos: María Antonieta Collins. A Mac, como le decimos, la conocí hace 20 años cuando juntas pertenecíamos al Club de la Salud que creó Cristina Saralegui, con quien hacíamos un programa mensual hablando de dietas y ejercicios. No había quien nos ganara hablando del tema. Mac y yo podíamos estar horas compartiendo las fórmulas que nos daban resultado para bajar de peso e intercambiábamos recetas, planes y fórmulas.

Siempre admiré su manera de ser, decidida, apasionada, inteligente, humana y divertida. De pronto, el destino de Mac dio un vuelco inesperado. Su vida empezó a dar vueltas y vueltas, salió de Univision, fue a parar a un *show* de la mañana de otra cadena, el cáncer se llevó a su esposo en meses, se quedó viuda y el sufrimiento se mudó a vivir con ella.

Pero la Collins tiene más vidas que los gatos que tanto ama. Tiempo después, regresó a Univision, decidió operarse y eliminar parte de su estómago y hoy es la flaca más valiente y versátil del periodismo en español. Y una profesional feliz. Lo mismo reporta desde la solemnidad del Vaticano, que desde el túnel con reptiles por donde se escapó el Chapo Guzmán. Sus reportajes son excepcionales. Diferentes. Humanos. Te contagian su pasión por el periodismo.

María Antonieta tiene una fe inquebrantable y hablar con ella es inspirarse.

Mientras escribía este libro, tuve el privilegio de viajar con ella a Roma durante Semana Santa. María Antonieta condujo, junto a Karla Martínez, la transmisión en vivo durante las 4 horas de *Despierta América*. Creo que en el mundo en español no hay nadie que sepa más del Vaticano que ella. Esa semana que transmitimos desde un techo, MAC nos dio lecciones de periodismo, de catolicísimo y de fe.

Recuerdo que un día le comenté que una de mis productoras le tenía pánico al avión, algo que yo misma había vivido, entonces nos dijo:

"No se dejen vencer por las fuerzas malignas. Cada vez que sentimos miedo a hacer algo, es porque permitimos que gane esa fuerza. Las oportunidades maravillosas que nos da la vida hay que gozarlas porque son regalos de Dios".

Y una de esas oportunidades maravillosas la vivió ella cuando cumplió en Roma su sueño de ser Audrey Hepburn por un día y seguir los mismos pasos que la actriz dio en la película *Roman Holiday* en 1951. En una de las juntas previas a esa producción, estando aún en Miami, le pregunté a María Antonieta qué le gustaría hacer en Roma que no había hecho. Y yo pensando que detrás de esa pregunta venía una respuesta ligada al Papa Francisco, me dejó helada cuando me dijo: "Ay Luzma, sueño con recorrer Roma en una Vespa como si yo fuera Audrey Hepburn".

Pero el sueño no paraba ahí. María Antonieta quería que un "Gregory Peck" se la encontrara muy casual comiendo helado en la Plaza España. Y que él se la llevara casi volando, entre el tráfico de Roma, por la Boca de la Verdad, la Plaza Venezia, y que el sueño durara hasta llegar al Coliseo...

Nadie hubiera sospechado que esta periodista que viaja en el mismo avión del Papa y se mete en los túneles del Chapo Guzmán, quisiera ser Audrey Hepburn por una tarde. Inmediatamente mis productoras Karina Rosendo y Linnet Martínez, junto a Pablo Monsalvo se encargaron de hacer el sueño realidad. Era tal el grado de deseo de aquel sueño, que María Antonieta consiguió una modista que le hizo la misma ropa que usaba Audrey.

Ese recorrido de ella en Vespa, agarrada de la cintura de Daniel (lo más parecido a Gregory Peck que le conseguimos) siempre lo voy a recordar como una de las producciones más divertidas que he vivido y lo que nunca voy a olvidar son las gracias que me dio dos veces diarias durante toda la semana por haberle hecho ese sueño realidad.

¿Eres hoy lo que soñabas ser cuando eras niña?

Soy exactamente el producto de mis sueños. Siempre he dicho que he sido afortunada porque mientras a mi lado mis amigas decían comúnmente 'no sé qué voy a ser cuando sea grande', yo, por el contrario, sabía que iba a ser reportera exactamente desde los seis años de edad. Pero eso tenía fundamento. Era la que mejor escribía, en la escuela ganaba todos los concursos de composición, de lectura, de Historia. Fui campeona estatal por mi estado, Veracruz, en un certamen nacional en el que obtuve el tercer lugar... con solo 18 años. Ese fue el previo de lo que es hoy el _ad lib_, la improvisación. Le doy gracias a Dios por haberme destinado desde siempre a este bendito oficio que me permite estar, a los casi sesenta y cuatro años de edad, detrás de esa puerta que en primera instancia se va a abrir para mí y que me da la inmensa responsabilidad de transmitir con imagen y voz aquello que informará a millones y que, en el mejor de los casos, puede cambiar vidas.

¿Cuál es el consejo más concreto que le darías a alguien para que consiga lo que quiere en la vida?

No es uno. Son varios:

····· No despegues los pies del piso porque te puedes creer tan alto
como el Empire State y resulta que tu altura real ¡es la de un ladrillo!

····· No te creas poderoso porque tienes un micrófono y estás frente a una
cámara. Nunca te conviertas en asesino de conciencias y reputaciones
por tener ese poder. Trabaja sin descanso. Triunfar no es asunto
de lunes a viernes, tampoco de nueve a cinco de la tarde.

····· La nota que te toque cubrir (como fue mi caso muuuuuchos años),
así sea la más insignificante para otros, que sea la más importante para ti.
Invierte tiempo y esfuerzo en darle al público el mejor
lado de este negocio: tus noticias.

····· Nunca olvides mencionar a todos los que trabajan contigo
en equipo, ni dar las gracias. Recuerda que el que se come solito
todo el cake... se indigesta.

····· No te victimices ni pienses que la vida es injusta contigo. Aprende
a reconocer cuando las cosas no suceden por tu bien. Repítete y
aprende que hay muchos peces en el mar, y que a ti te va a tocar
un día uno grande.

····· Saluda a todos al entrar y salir de cualquier parte.
Atiende a los humildes cuando te pidan cosas. Esa es tu mejor
tarjeta de presentación.

····· Conoce las ventajas de un espejo y acepta con honestidad
como luces para poder cambiar.

····· Y finalmente, NO te tomes en serio, ni te creas el cuento de la fama...
a fin de cuentas esto es solo televisión y, por tanto, mayormente ilusión.

¿Qué te falta por conseguir?

Llegar a ser la mejor escritora de telenovelas. Ese será mi gran paso
y es mi gran sueño porque no dejo de soñar. Sueño con escribir la telenovela que deje a todos felices y queriendo ver el siguiente capítulo.

¿Cuál ha sido el momento más difícil en tu camino al éxito y cómo lo superaste?

El momento más difícil de mi carrera, en el que todo estuvo a punto de
acabarse, vino cuando por amor decidí irme a otra cadena de televisión

para poder estar con mi esposo, que me exigía que estuviera más cerca de él y no estuviera todo el tiempo viajando y trabajando. El destino jugó con nosotros porque él murió de un cáncer fulminante en tan solo siete meses y once días. Yo me quedé no solo viuda, sino también sin poder volver a mi amado trabajo de reportera. Afortunadamente, manos generosas me rescataron, y a los cincuenta y nueve años, cuando generalmente a todas las personas las sacan de los empleos, a mí, mis jefes me devolvieron al amado y único oficio para el que nací.

———

¿Cuál es el mejor consejo que te han dado y quién te lo dio?
Son por lo menos dos.
Nunca digas no. Nunca.
Y aprende a esperar, que aquellos que trabajan y se preparan están en el camino. Prepárate para cuando te llegue la oportunidad, y el día que se te presente, atrápala y no la dejes ir. Este último consejo me lo dio Fernando Valenzuela, el pitcher mexicano estrella eterna de los Dodgers de Los Ángeles, cuando en la década de los ochenta era la sensación y él, un joven humilde que de pronto se encuentra con fama y fortuna, no pierde los pies creyéndose el cuento.

Una tarde en su casa, platicando con la amistad que desde entonces nos une, cuando yo le pregunté sobre su verdadera fórmula del éxito, me dijo: 'Toda la vida me estuve preparando para triunfar. Picheaba, bateaba en terrenos polvorientos, soñaba con llegar un día a las Grandes Ligas y practicaba y practicaba. Cuando un día me llegó el éxito... no lo dejé ir'. De más está decir que siempre he seguido ese consejo.

———

¿Quién fue tu mentor?
Sin lugar a dudas que mi primer mentor fue el periodista de la televisión mexicana Jacobo Zabludovsky. Mi jefe y maestro, junto al que estuve a diario durante doce años de mi vida. Él inauguró el periodismo electrónico en ese país al grado que con gente a favor y en contra, todos aceptan que los noticieros de televisión fueron a partir de él de una sola forma: antes de Jacobo y después de Jacobo.

¿Quién te inspira hoy en día?

Hoy me inspira saber que en esta industria, que exige tanto, las mujeres de cincuenta, sesenta y de más años (como es mi caso) somos tan útiles como las que tienen treinta y cuarenta años menos. Me inspira saber que cada día es diferente y que puedo seguir aprendiendo cosas nuevas. Que empecé a trabajar la noticia con película de cine y que la magia ahora es algo totalmente digital. Me inspira que tengo a mi hija Antonietta siguiendo este amado oficio y que sueño algún día poder subir a un escenario y entregarle un premio, porque lo que ella hace es verdaderamente espectacular.

¿De dónde sacas motivación?

De Dios. A Él le digo 'tú estás en control de mi vida. Tú eres el que me da fuerza y salud. Tú eres mi mejor agente, mi mejor abogado, el mejor guardaespaldas para los lugares a los que me envían. Tú eres quien abre las puertas que se me cierran. Gracias, Padre, porque estoy aprendiendo a entender tus señales y obedecerlas'. Y finalmente le digo 'ayúdame en esto, déjame probarte que he aprendido mi lección. Amén'.

Y ¿cómo hace uno para relajarse?

Mientras escribo este capítulo estoy en altamar. Sin wifi y de vacaciones. Ayer, en St. Barts, no resistí la tentación, y en un restaurante en el que la contraseña del wifi estaba escrita en cada mesa como si fuera la especialidad de la casa, me conecté para recibir *emails* que iba leyendo mientras me comía un delicioso crêpe de Nutella.

Los *emails* no estuvieron tan deliciosos.

Contesté los más urgentes, y hubo uno preocupante que se me quedó metido en la cabeza y se subió conmigo al barco.

Por eso debería haber una ley que prohibiera abrir los *emails* en vacaciones.

A las personas que trabajan conmigo los obligo a desconectarse. Porque estoy absolutamente segura de que cuando la cabeza deja de revisar *emails* y se concentra en cosas más placenteras, toma un nuevo aire muy necesario para regresar al trabajo con las pilas recargadas.

"¿Y por qué tú no haces lo mismo que nos exiges a nosotros y te desconectas?", me ha preguntado Inés, mi superasistente a quien no me canso de agradecerle su presencia y "asistencia" en mi vida.

Si Superinés me hubiera conocido hace 10 años entendería que ya aprendí a desconectarme.

Antes, me atormentaba tener que tomar vacaciones. Pensaba que todo iba a funcionar mal si no estaba pendiente.

"¿No será tal vez que lo que te da miedo es que todo funcione mejor que cuando tú estás?", me preguntó una vez un amigo muy divertido que, tengo que confesar, me dejó pensando.

La verdad, tengo que decirla, proviene de un trauma que nos dejó Cristina a todos los que trabajábamos con ella. Pedir vacaciones era como decir una mala palabra. Nunca era una buena época para hacerlo.

Para ella, irse de vacaciones era como abandonar la responsabilidad, y eso, en una profesional, estaba prohibido.

Uno de los mayores problemas que tenemos las mujeres profesionales es el miedo a desconectarnos. Como si tuviéramos prohibido el placer de no hacer nada.

"Yo nunca puedo estar sin hacer nada", me confesó una vez una importante ejecutiva de la televisión hispana. "A veces digo que no voy a hacer nada y termino sintiéndome culpable. Tengo que sentirme útil y hacer algo que tenga que ver con mi trabajo".

En aquel momento me sentí aliviada porque me estaba pasando algo parecido. Si a ella, a quien yo admiraba por poderosa, le pasaba eso, entonces era normal que a mí también me pasara. Eso que nos pasaba a esa poderosa ejecutiva y a mí NO es normal.

Repito, no es normal.

Tenemos todo el derecho del mundo a apagar el teléfono mientras recibimos un masaje. O a sentarnos un sábado a leer un libro sin interrumpirlo para chequear si el jefe nos aprobó el plan que le enviamos el viernes por la tarde.

O a comernos un delicioso crêpe de Nutella en St. Barts sin chequear *emails*. Lo más triste de todo eso es que nadie nos obliga a hacerlo. Simplemente, creemos que si nos desconectamos se derrumbará el sueño. Los sueños no se derrumban porque uno se va de vacaciones. Al contrario, uno llega con más fuerza para luchar por ellos cuando regresa de vacaciones.

Yo, como los alcohólicos anónimos, vivo un día a la vez, y celebro como mi gran victoria el que pueda cada día tener más confianza en la gente con la que trabajo y poder delegar.

En esta etapa de mi vida, trato de dejar todo lo más controlado posible durante la semana que estaré de vacaciones y solo respondo los *emails* que requieren acción inmediata. Si tú, como yo, necesitas la tranquilidad de estar enterado de todo lo que sucede, entonces se vale hacerlo de vez en cuando, pero sin pasar todas las vacaciones como si continuaras trabajando.

He experimentado lo que es estar tremendamente estresado, y en ese punto se te olvidan las cosas, no se te ocurren ideas y todo lo ves como un problema. Tu trabajo depende de tu cabeza y por eso es absolutamente necesario que tu cabeza esté en buena forma.

Cuando oigo frases como "hoy no he tenido tiempo de comer", o "llevo dos días sin dormir", siento que más que recibir un aplauso por el heroísmo, esas personas deberían recibir un castigo por atentar contra el arma que deben cuidar más en esta batalla diaria que libramos con el éxito: el cerebro.

Tonia O'Connor, una de las ejecutivas más poderosas de la televisión en Estados Unidos, directora comercial y presidenta de distribución de contenidos de Univision, me confesó hace varios años que cuando llega a su casa, ella y toda su familia meten los teléfonos en una caja de zapatos y se sientan a conversar mirándose a los ojos. Hace pocos días me la encontré y le agradecí aquel consejo.

"Todavía seguimos metiendo los teléfonos en la caja de zapatos", me dijo muy segura.

"La montaña puede tener muchas cimas", como dice Patsy Loris

Uno de los oficios que te mantiene pendiente del teléfono las 24 horas del día es el de periodista. Patsy Loris, vicepresidenta de Noticias Univision, lo sabe bien. Patsy es una chilena brillante, noble, divertida y apasionada a quien admiro por su profunda sencillez y calidez humana. Es toda una veterana (aunque muy joven) que ha sido testigo de la historia: desde la caída del muro del Berlín hasta los ataques terroristas del 9/11, y ha producido entrevistas con Bill Clinton y George Bush, entre muchos otros poderosos. Cuando la entrevisté especialmente para este libro, lo primero que quise saber es si se desconectaba alguna vez.

———

¿Cómo consigues relajarte si debes vivir conectada a la noticia todo el día?
Trabajar en televisión cubriendo noticias es una labor muy estresante, rápida y desgastadora. Es un ambiente excitante pero que siempre está cambiando, en el que el trabajo diario siempre requiere algún tipo de urgencia, un plazo que cumplir. Es como estar en una maratón donde nunca se para de correr.

Podemos estar en el momento más relajado del día, caminando por un parque, en bicicleta o en el supermercado y, de repente, suena el teléfono y de cero saltamos a 100 millas por hora. No es fácil vivir en esa presión y, de hecho, es muy difícil desconectarse. Es por eso que disfruto al máximo cada momento y oportunidad que tengo de tranquilidad. Aunque sean cortos o pocos, los disfruto al máximo.

Me "desestreso" con mi labor de mamá, haciendo ejercicio regularmente para eliminar las toxinas que produce el trabajo y, como manejo

45 minutos para volver a casa, lo hago con la música que esté de moda a todo volumen.

———

¿Cómo hiciste para convertirte en la mujer de tus sueños? ¿Eres hoy lo que soñabas de niña en Chile?

No, cuando era niña yo quería ser astronauta. Soñaba con ser tripulante de alguna nave espacial. Cuando llegué a la universidad en Estados Unidos, comencé a estudiar computación pues creí que estaba encaminada a una carrera tecnológica. Pero un buen día, saliendo de clase de cálculo, me llamó la atención un anuncio que decía "Inscríbete, tú puedes tener una excitante y exitosa carrera en producción de televisión", y de la programación del sistema binario salté a la programación de noticias.

———

¿Cómo enfrentas tus miedos?

No soy una mujer de miedos. Soy la segunda de cuatro hermanos, todos varones. Según mi mamá, siempre fui la más fuerte y tenía a todos mis hermanos en fila y organizados. No me dejaba de nada y por lo tanto nada temía. Aprendí a creer en mí desde pequeña.

Me ha tocado cubrir zonas de conflicto, visitar lugares arriesgados, desastres naturales, hasta recibir una amenaza de muerte. El miedo nunca ha sido parte de mi equipaje. Cuando partimos a alguna asignación, nunca me he cuestionado el peligro, solo me concentro en la misión.

Con la verdad por delante no temo a lo que no conozco.

———

¿Cómo descubriste tu pasión por el periodismo?

La pasión por el periodismo creció en mí de la misma manera que crece una plantita, de a poco y alimentándola. Solo tenía 21 años cuando comencé en la televisión, sabía muy poco sobre la responsabilidad y el impacto que tiene un comunicador hacia la sociedad para la cual informa.

Hay dos eventos grandes que alimentaron mi pasión por el periodismo. Primero fueron las guerras civiles en Nicaragua y El Salvador. Durante los años 80 y 90, Noticiero Univision era el único medio de televisión independiente que lograba informar objetivamente lo que estaba ocurriendo en esos países.

Nuestro noticiero se veía tanto en Nicaragua como en El Salvador. Además, nuestros informativos los veían los inmigrantes de esos países residentes en Estados Unidos. Comprendí entonces que teníamos una responsabilidad muy grande al reportar lo que allí estaba sucediendo. Comprendí que nuestras palabras influían sobre las vidas de miles de personas que no tenían acceso a esa información. Y eso es una gran responsabilidad...

El segundo hecho que afianzó mi pasión por el periodismo fue la aprobación de una amnistía a casi 3 millones de inmigrantes indocumentados en Estados Unidos en el año 1986.

———

Eres muy admirada y respetada como líder. ¿Qué cualidades crees que son indispensables para conseguir el éxito?

Mi éxito es el resultado del trabajo de muchas personas. No he llegado hasta aquí sola. He tenido maravillosos profesores, mentores, jefes, compañeros, amigos y unos padres y hermanos siempre a mi lado. No sé decirte cuál es la combinación perfecta de cualidades. Solo te puedo contar cuales son las pautas que yo trato de seguir y han sido indispensables para mí y mi desarrollo como profesional.

Hay que ser sincero. No se debe engañar a la gente. Siempre debe uno ser lo más franco posible. Decir las cosas como son y dejar claro lo que se debe hacer y por qué. Mantener las expectativas lo más cercanas a la realidad para que la gente sepa a qué atenerse.

Hay que enseñar, siempre. Porque todo lo que uno sabe lo debe compartir. Hay que devolver lo que otros te enseñaron. Hay que empujar a que los demás se desarrollen. Trabajar en equipo, donde cada uno de sus integrantes brille y se destaque por encima de uno. Ser mentor es aún más difícil que ser jefe.

Hay que tener pasión. Sea cual sea el trabajo que uno esté haciendo, hay que hacerlo con todo lo que uno tiene. Dedicarse a saberlo todo en torno a ese trabajo, mejorar cada día, progresar. Hay que amar el trabajo con las cosas buenas y malas que pueda tener. Hay que ser muy trabajador. Yo siempre he dado el ejemplo.

———

¿Cuál es el mejor consejo profesional que te han dado?

Uno de los mejores es el que me dio mi papá: "Nunca te creas que ya llegaste a la cima. Si no has llegado aún podrás seguir creciendo y mejorando. De lo contrario, el día que creas que ya llegaste, ese es el día que comienzas a descender".

A este consejo, yo le añado que cada uno tiene sus propias metas y sus propias cimas que escalar. Créanlo o no, la misma montaña puede tener varias cimas. Porque cada uno llega y se pone su propia meta. Determina a dónde quieres llegar. No importa si es a la mitad de la montaña, esa es tu cima y por lo tanto tu logro.

———

¿Dónde encuentras motivación en esos días en que te vas a casa cansada y con 100 problemas por resolver?

La motivación la encuentro en el resultado de cada día. En lo que logramos hacer, las notas que alcanzamos a mostrar y las historias que podemos contar. Las vidas que hemos podido mejorar con nuestro trabajo.

Lo único seguro en este negocio es la incertidumbre. Yo lo asimilé hace mucho tiempo y estoy en paz con el hecho de que nuestras vidas privadas cambian en el momento que ocurre un evento noticioso. Por lo tanto, los problemas y el cansancio también los toreo. Son parte del trabajo y también de lo excitante que es este negocio. Es eso lo que hace cada día único, cada situación diferente y especial.

———

Dale un consejo para esa mujer que piensa que ya no podrá triunfar en la vida.

¡Somos tan afortunadas de ser mujeres! Ya con eso hemos triunfado. Llevamos la delantera. Podemos triunfar en todo lo que nos propongamos. Quizás no todo al mismo tiempo o en el mismo día, pero al final lo logramos todo si nos empeñamos en lograrlo.

Solo necesitamos permitirnos ser felices con quien somos y donde estamos en ese momento. Quiérete a ti misma. Solo tú puedes salir adelante. Si tú te respetas, el resto te verá y respetará de esa manera.

Sé firme, no digas sí cuando en realidad quieres decir no. No digas una cosa cuando en realidad quieres decir otra. Y siempre toma una decisión cuando tengas que tomarla. Decide para bien o para mal, pero decide.

Mantente íntegra y nunca dejes que nada ni nadie cambie tus valores y tus prioridades. Son solo tuyas y solo tú las puedes cuidar y proteger.

Descansar como los más ocupados

Arianna Huffington, además de aconsejarnos dormir las ocho horas reglamentarias para poder tener éxito en la vida, jura y perjura que ella deja su teléfono fuera de su habitación todos los días al acostarse, para no estar tentada a mirarlo durante la noche. Es la cofundadora y editora general del *Huffington Post,* un grandioso medio de comunicación que no para ni de día ni de noche. Es la misma que instaló unas cómodas sillas en su empresa para que sus empleados duerman la siesta.

Por la naturaleza de mi trabajo, duermo con el teléfono en mi mesa de noche. Y todo el mundo tiene permiso para llamarme en caso de emergencia. Nunca me perdonaría no ser partícipe de una noticia. Ni haber estado involucrada en el proceso de una decisión por no haber contestado el teléfono.

Más que desconectarme por completo, he aprendido a disfrutar completamente los momentos en que no estoy trabajando. Sobre todo a disfrutarlos sin sentirme culpable. Hay momentos sagrados que no deben interrumpirse por nada ni por nadie. Son esos momentos que deben quedar sin necesidad de edición en la mente de los que viven con nosotros.

Eso me lo ha enseñado la vida al demostrarme siempre que igual que nos merecemos el trabajo que tenemos, nos merecemos por igual los momentos de descanso para recargar las pilas y seguir luchando. Posiblemente estarás pensando que todo eso suena bien pero, ¿qué se puede hacer en medio de los momentos de más estrés?

Te voy a contar qué hacen las personas muy ocupadas (y no voy a mencionar ni islas ni aviones privados). Para combatir el estrés "a lo pobre", como seres humanos comunes y corrientes, se recomienda:

1. Meditar. Está comprobado que meditar hace al cerebro lo que el ejercicio al cuerpo: lo pone en forma. Es tanto el beneficio que en Estados Unidos se ha puesto de moda que las empresas aconsejen meditar a sus ejecutivos. Se dice que si durante 15 minutos el cerebro se sale de la rutina, se sentirá como nuevo. Si lo haces diariamente entrenarás tu mente y dejarás espacio en ella para más pensamientos y emociones. Si sientes que ya no puedes más y el estrés no te deja concentrarte en el trabajo, aprende a hacerlo. Le estarás bajando el volumen al ruido de tu cerebro. De antemano te digo que a las personas que vivimos a mil por hora se nos hace el doble de difícil concentrarnos, pero nadie dijo que no se puede. Entonces, busca un lugar donde puedas estar solo (playa, parque, patio, tu habitación) cierra los ojos y concéntrate en un punto fijo (imagina el mar, una flor o el paisaje que quieras) y repite una palabra que escojas. Poco a poco, irás relajando los músculos y la tensión irá saliendo de tu vida. A mí me funciona repetir la frase que establece que la situación tendrá solución.

2. Compara el problema que te está causando el estrés con otros problemas. ¿Es una enfermedad mortal? ¿La vida de alguien depende de ti? Recuerda que todo en esta vida tiene solución y todo pasa. En una semana, te lo garantizo, este problema que ves como imposible de solucionar, será parte del pasado.

3. Dona tu tiempo a una buena causa. Leerle a los viejitos. Ser voluntario en un hospital. Pertenecer a alguna organización de tu iglesia. Cuando haces una acto de bondad y practicas la generosidad, créeme, se desvanecen tus problemas. Al ayudar a solucionar los problemas de otros, los tuyos no solo se vuelven mucho más fáciles de solucionar, sino que tu alma se refresca y te hace sentir una felicidad diferente a todas las que has sentido.

4. Camina. Aunque no te guste hacer ejercicio, te garantizo que caminar no solo te va a despejar la mente, sino que mientras tanto se te van a ocurrir ideas que, además de solucionar los problemas que te estresan, pueden darle un giro a tu vida.

5. Toma un baño de agua caliente. Si tienes la suerte de tener una tina o bañera, llénala de agua caliente, metete ahí, cierra los ojos y te garantizo que saldrás como nuevo.

6. Prémiate. Prométete que cuando salgas del problema que te está causando estrés te darás un premio. Esto te dará un incentivo para cruzar rápidamente la turbulencia (con esto ya tienen respuesta todos lo que siempre me preguntan por qué tengo tantas carteras).

Mi amiga Cristy Marrero, vicepresidenta editorial de la revista *Hola USA* y una de las mujeres más inteligentes y generosas que conozco, decidió practicar yoga cuando descubrió que la gravedad empuja hacia abajo la energía creativa y que es en ese preciso momento en que nos llenamos de confusiones. Esto le ha servido para multiplicar la compasión y la tolerancia. Hoy en día me cuenta que, antes de pensar en despedir a alguien que trabaje para ella, primero piensa cómo lo puede ayudar a mejorar su desempeño.

"La motivación es como la felicidad. Nadie te la quita y nadie te la da", asegura Cristy, cuya frase favorita es "relájate y coopera". "Es deber de cada cual motivarse, inspirarse, mantenerse con entusiasmo y feliz, aun cuando todo está en nuestra contra. A mí me inspira cada mujer latina en Estados Unidos. Porque todas somos historias de éxito por el mero hecho de haber venido a este país a echar pa' lante o por haber nacido de una mujer que lo hizo por nosotras. Practicar yoga me ayuda a mover mi energía creativa hacia arriba y esto me da ánimo. Ser buena persona y ser compasiva me motiva. Hacer el bien sin mirar a quién me inspira. Ser agradecida por lo bueno y por lo malo es mi deber. Romper estereotipos como mujer, como latina, como comunicadora es mi misión. Como jefa me ha aportado tolerancia y compasión tener una apertura de corazón para saber y entender cuando una persona no está siendo lo suficientemente efectiva en su trabajo.

Cristy fue directora de la revista *Siempre mujer* cuando tenía 30 años, rápidamente pasó a ser jefa de Contenidos para Meredith Hispanic Media y a finales de 2015 renunció para convertirse en la vicepresidenta y fundadora de la revista *¡Hola!* en Estados Unidos. A pesar de su juventud, tiene una seguridad en sí misma que envidiarían las que le doblan la edad y la experiencia.

Cuando le pregunté qué es lo que tomó en cuenta a la hora de renunciar y escoger otro trabajo, me dijo:

"Tomé la decisión de dejar mi trabajo luego de ocho años. No ha sido una decisión fácil. Tardé un año en atreverme. Mi momento clave es el día en que me despierto y no tengo deseos de ir a la oficina. Porque le pongo pasión a todo lo que hago y trato de hacerlo a diario. Entonces, cuando eso ya no está, sé que es que ese ciclo se ha cerrado y toca abrir uno nuevo con valentía. El dinero nunca ha sido mi motivación, pero soy muy buena negociante. Más que todo porque me rehúso a que alguien más le ponga valor a mi trabajo, a mi esfuerzo, a mi talento. Si no se lo doy yo, nadie más lo hará de manera justa. Pido lo que valgo y no me da pena hacerlo. Espero que cada mujer haga lo mismo. En esto, los hombres me inspiran. Ellos se atreven y saben lo que valen. Debemos aprender de ellos. Tengo en cuenta también las condiciones de trabajo que tengo versus las que me ofrecen. Para mí, el tiempo es lo más valioso. Tener tiempo para cocinar mi cena, practicar yoga, salir con amigos, es igualmente importante para mí que tener un buen puesto con un gran salario. El equilibrio entre lo personal y lo profesional no es negociable para mí. Los días de vacaciones tampoco lo son".

Cristy, al igual que yo, piensa que lo difícil no es llegar, sino mantenerse. Una de las grandes lecciones que he aprendido de ella deriva de una experiencia que vale la pena leer con atención, tal y como ella me la contó:

"Lo más difícil de ser uno mismo y no caer en presiones de grupo ni sucumbir al síndrome del *follower* (seguidor) es mantenerse firme en el propósito. Cuando cumplí 16 años y estaba en mi último año en el colegio, me postulé para ser la presidenta de mi clase. Gané con un margen del 50 por ciento ante mi oponente. Sin embargo, una chica (que siempre creí que era buena amiga) me arrebató la presidencia de manera muy injusta. Su mamá vino al colegio a alegar que yo tenía el favor de los estudiantes, pero que su hija (que había recibido 50 por ciento menos de los votos) tenía el perfil que mi clase necesitaba. ¡Y el promedio de calificaciones! Esa madre, desesperada por darle a su hija un momento de alegría porque le acababan de diagnosticar una enfermedad extraña en la sangre, alegaba que mis calificaciones no cumplían con lo estipulado (¡benditas reglas!) por 1 punto. Me descalificaron. Fue una gran derrota y muy pública. Reconozco que tal vez la humillación más grande que pueda haber sentido en toda mi vida. Cuando llegó la semana de nuestra graduación, mi supuesta amiga vino a rogarme que le ayudara a escribir el discurso para la clase, porque ella era más fuerte en matemáticas que en español y a mí 'se me daba mejor lo de los discursos'. La ayudé. Y cuando habló, la aplaudí. De esta experiencia, aprendí el significado de la palabra compasión. Por supuesto que ya no pudimos volver a ser amigas, más que todo porque no podía confiar en alguien que permite ese tipo de injusticias. Pero comprendí que un título, una corona, el reconocimiento público, no significan nada si uno no lucha por lo que quiere. Ella luchó. Y yo, en ese caso, acepté perder. Lo cual también es una gran lucha, mayormente interna".

Esta fue una gran lección para Cristy, que ha perdurado y que aplica hasta el día de hoy. "Mi consejo para quien experimente la decepción, el rechazo, el abuso de poder, la injusticia es que aplique la compasión antes que todo. Yo, a mis 16 años, pude ponerme en los zapatos de esa madre desesperada que trataba de darle un momento de felicidad a su hija enferma. Hoy en día, ella está bien de salud y trabaja en una oficina, y yo soy una mujer exitosa en mi carrera, más que todo porque hago lo que quiero, como lo quiero y tengo el tiempo ¡y la salud! para hacerlo. ¿La moraleja del cuento? El compromiso da carácter. El carácter da dignidad. La dignidad da divinidad. La divinidad da gracia. La gracia da el poder del sacrificio. Y nada como la capacidad de sacrificarse por otros para hacernos feliz. ¿Mi meta? Ser tan feliz que otros sean felices de tan solo mirarme (como dice Yogi Bhajan). Y eso no lo da un título. Ni siquiera la presidencia".

SÚBELO A LAS REDES

"Todo se alinea a tu favor a partir del momento en que tienes claro el camino que quieres seguir".

"Igual que nos merecemos el trabajo que tenemos, nos merecemos los momentos de descanso para recargar las pilas y seguir luchando".

"Hay momentos sagrados que no deben interrumpirse por nada ni por nadie. Son esos momentos que deben quedar sin necesidad de edición en la mente de los que viven con nosotros".

"Uno de los mayores problemas que tenemos las mujeres profesionales es el miedo a desconectarnos. Como si tuviéramos prohibido el placer de no hacer nada".

"A veces uno piensa que hay cosas que solo te están pasando a ti. Y cuando las compartes no solo te das cuenta de que le pasan a todo el mundo; muchas veces eso que te está pasando a ti no es nada comparado al resto".

"Nuestros hijos deben ser nuestro mayor motor, nunca nuestro impedimento".

"Una de las reglas básicas para convertirte en la mujer de tus sueños es no ahogarte en un vaso de agua. Deja el pataleo para cuando estés ahogándote en altamar y rodeada de tiburones".

"Cuando crees en tu propósito, el miedo debe desaparecer".

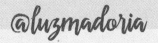

@luzmadoria

CAPÍTULO 9

'KIT' DE SUPERVIVENCIA (DINERO, ESTRATEGIA Y ZANCADILLAS)

¿Tú quieres ganar más dinero?

Muy bien. ¿Cómo lo vas a conseguir?

En Estados Unidos, el 60 por ciento de los trabajadores no se atreven a pedir un aumento de sueldo. Y pocos de los que se atreven usan los argumentos adecuados.

Durante todos los años que llevo siendo jefa, solo una persona me ha pedido un aumento de sueldo correctamente. Recuerdo que entró a mi oficina con una carpeta llena de todas las razones por las que merecía el aumento. Esta persona recopiló todas las pruebas de que su trabajo había favorecido a la empresa y brevemente resumió por qué y cómo había contribuido a su éxito.

Sin drama.

Muy segura de sí misma.

Sin hablar mal de la empresa.

Sin hacerse la víctima.

Como debe ser.

Hay una realidad, y es que todos queremos ganar más dinero y, además, todos creemos que nos lo merecemos y que estamos mal pagados teniendo en cuenta todo lo que hacemos.

La primera vez que yo pedí un aumento de sueldo no me atreví a sugerir que me lo merecía, sino que de la manera más cordial le dije a mi jefa que me diera más trabajo. La justificación era que a mí no me alcanzaba el sueldo para vivir.

¿El resultado?

Me dieron un aumento de 200 dólares y me pusieron a archivar los sábados.

Te lo cuento para que esa sea la última carta que te juegues.

Es muy importante que te aprendas de memoria las razones por las que uno **no** pide un aumento de sueldo.

Uno no pide un aumento de sueldo ni porque no le alcanza el dinero, ni porque quiere comprar una casa, ni porque se divorció, ni porque quiere mandar a sus hijos a una buena universidad. Ni porque uno está mal pagado. Y mucho menos porque quiere tener hijos.

Uno pide un aumento de sueldo porque se lo merece. Y punto.

Lo primero que hay que hacer es llegar preparado. Hay que investigar cómo está el mercado laboral y cuánto se paga por lo que tú estás haciendo. Y buscar el momento adecuado para pedirlo. Si la compañía para la que trabajas está en venta o acaban de recortar personal, no es buen momento para que pidas más dinero, aunque sientas que te lo mereces. No hagas introducciones largas al tema. Ni llores. Simplemente agradece el tiempo que te dan y no menciones el tiempo que llevas sin que te suban el sueldo. Si tu primera frase es "yo no he recibido un aumento de sueldo desde hace tres años", corres el peligro de recordarle a tu jefe que nadie se ha fijado en ti en todo ese tiempo, y lo que es peor, que tú no te has hecho notar.

Un aumento de sueldo es la manera que la compañía valora tu desempeño. Tú tienes que informarle a tu jefe cómo ha favorecido tu trabajo a la compañía. Y muy importante, nunca te hagas la víctima ni le cuentes algo que él debe saber perfectamente: que tú haces el trabajo de cuatro.

Tampoco le digas que haces todo lo que te mandan a hacer, porque eso es exactamente por lo que te pagan.

Una persona merece un aumento de sueldo cuando le hace ganar dinero a la compañía y cuando sus ideas son llevadas a otro nivel. Cuando reestructura algo que no estaba funcionando y comienza a verse una mejoría, o cuando siempre se las arregla para hacer que las cosas funcionen bien aparte de sus responsabilidades establecidas.

No hay nada que moleste más a un jefe que un empleado que pide un aumento porque se enteró de que otro gana más dinero que él, así que tampoco se te ocurra hacer comparaciones porque siempre saldrás perdiendo.

No se te ocurra poner presión. Ese cuento de "si no me pagas tanto, me voy", se merece un "pues vete". Ahora bien, si después de hacer las cosas correctamente no te dan el aumento que mereces, explícale a tu jefe que estás buscando otras opciones porque sientes que te las mereces.

Lo primero que tienes que recordar es que aunque los jefes tengan poder no son omnipotentes. La mayoría de las veces, ellos deben pedir aprobación para tu aumento de sueldo. Por eso, debes tratar de darle muchas buenas razones para que se vaya convencido de luchar por ti. Tienes que pedir un aumento de sueldo con una cifra factible en tu cabeza, y procura no decirla antes (nunca sabe uno si el jefe está pensando en algo más). Por supuesto, te van a pedir un número, pero ten la cortesía de que sea tu supervisor quien lo mencione primero. Un buen consejo que recibí alguna vez es que cuando negocies tu aumento de sueldo aprovecha también para hablar de posibles beneficios. Quizás trabajar un día desde la casa o la oportunidad de que te paguen un curso extra o que a fin de año te den un bono.

Lo más importante que hizo la persona que me pidió aumento de sueldo correctamente fue ir preparada con sus exitosos resultados y, sobre todo, hablar con una gran seguridad en sí misma. La mejor arma a la hora de ir a pedir algo es estar convencido de que nos lo merecemos.

Aprender de los que más ganan

**Indra Nooyi, presidenta de la junta directiva de Pepsi
(ganó 18,6 millones de dólares en 2014)**

Es una de las líderes corporativas que más admiro. Ella cuenta que creció convencida de que podría conseguir lo que quisiera. Y lo consiguió. En 2013, cuando recogió un prestigioso premio en India, nos dio tres lecciones que para ella son la clave del éxito.

1. No te canses nunca de aprender. Para Indra, los seres humanos vamos perdiendo la curiosidad, y lo que debemos hacer es mantenerla viva, como si fuéramos niños, durante toda nuestra vida. El primer mandamiento es: trata de ser un estudiante toda la vida.

2. Métete de cabeza en todo lo que hagas. Dice que hay que dedicarse el cien por ciento a lo que hacemos. Darlo todo. "Yo no miro el reloj. Yo veo mi trabajo como una gran dicha, como mi gran llamado. Cuando estoy en el trabajo, me entrego al 100 por ciento; cuando estoy en mi casa, me entrego el 100 por ciento a mi familia".

3. Ayuda otros a crecer. Indra está convencida de que la grandeza llega cuando ayudamos a otros a construir su futuro, y asegura que "todos los que tienen una posición de poder tienen la obligación de ayudar a otros a triunfar".

Oprah Winfrey (ganó 3 billones de dólares en 2015)

Oprah era una niña muy pobre que se convirtió en conductora de televisión, actriz, productora y una de las empresarias más ricas del mundo. Sin herencias, ni loterías, ni matrimonio con ningún magnate.

Oprah se hizo millonaria trabajando. Así de simple. Sus grandes lecciones son:

1. Sé auténtico contigo mismo. Lucha por lo que tú quieres. Con su gran sentido del humor, Oprah asegura: "Yo no tenía ni la menor idea de que ser auténtica y fiel a mí misma me podría convertir en lo acaudalada que soy. Si lo hubiera sabido lo habría hecho antes".

2. Si no te has caído, es porque no has caminado. Hay que perderle el miedo al fracaso. Oprah lo considera una nueva perspectiva desde la que mirarás tu vida. A todos los que creen que ya no se levantarán más les tiene un consejo:

"Haz eso que crees que no vas a ser capaz de hacer. Si te caes, levántate e inténtalo otra vez".

3. Tú estás a cargo de tu propia vida. "Nadie más que uno mismo debe ser responsable de su propia vida", dice Oprah, y añade que nunca se ha visto a sí misma como aquella niñita pobre sino como un ser humano que desde que era muy niña supo que tenía que ser responsable de sí misma.

4. Rodéate de amigos que te impulsen a conseguir tus sueños. Oprah sabe la importancia de tener a nuestro lado personas que nos motiven y nos inspiren cada día a no darnos por vencidos. A esos que se burlan de tus sueños, o que no creen en ellos, apártalos de tu vida.

Sheryl Sandberg, *chief operating officer (COO)* **de Facebook (ganó 1,17 billones en 2015)**

La autora de *Vayamos adelante (Lean In)*, libro que creó una especie de revolución profesional para las mujeres, tiene muy claro los consejos que le funcionan:

1. Atrévete a correr riesgos. Una vez más aparece el miedo del que he hablado tantas veces en este libro. Todo coincide con el consejo de Sandberg. Según ella, las mujeres tememos a los retos y pensamos que no estamos suficientemente preparadas para seguir creciendo profesionalmente. Al temer nuestra propia grandeza, nos quedamos estancadas. De ahí la famosa frase que Sheryl tiene colgada en un cuadro en su oficina: "¿Qué harías hoy si no tuvieras miedo?".

2. Arma tu propio grupo de apoyo. Nada como rodearse de 8 o 10 amigos que se puedan apoyar y dar ánimos unos a las otros para seguir hacia delante. Sanders, quien piensa que a las mujeres nos dan ascensos basados en los éxitos que hemos tenido y a los hombres según el potencial que tengan, dice que "mientras las mujeres no seamos tan ambiciosas como los hombres, no vamos a conseguir tanto como ellos".

3. Toma la iniciativa. Sheryl asegura que uno no debe esperar a que le digan qué hacer, sino salir adelante por iniciativa propia.

La historia de un trapeador y de una faja

Cuando pienso en mujeres que toman la iniciativa me viene a la cabeza Joy Mangano, una madre soltera que hace 25 años se gastó todos sus ahorros en inventar un trapeador que no había que exprimir con las manos y que podía meterse a la lavadora y usarse una y otra vez.

Si te suena familiar la historia quizás es porque has usado el trapeador o porque viste la película *Joy*, basada en la vida de esta admirable mujer.

La creadora del Miracle Mop o trapeador milagroso se convirtió en una superinventora de productos que facilitan las tareas de la casa y, por consiguiente, en una mujer extremadamente millonaria. Hoy sus productos los venden no solo en reconocidos almacenes sino que ella lo hace personalmente por el canal de televisión HSN (Home Shopping Network). Cuando relanzó en televisión la venta del trapeador milagroso (vendió 60 mil en dos horas) declaró que le vinieron a la cabeza aquellos tiempos en que trataba de convencer a cinco mujeres en un mercado de pulgas que se lo compraran.

Joy Mangano tiene una cualidad que es vital para conseguir el éxito: es persistente. En 1989 era una mujer común y corriente que tenía dos trabajos: mesera y agente de reservaciones de una línea área. Su mamá la ayudaba a cuidar a sus hijos porque se acababa de divorciar. Desde pequeña le gustaba inventar cosas y cuando decidió inventar su trapeador milagroso no tuvo éxito inmediatamente.

Eso precisamente es lo que hace su historia aún más inspiradora. Porque, como se dice en buen español, Joy pasó las duras y las maduras para venderlos. Pero como era tan persistente, nunca se dio por vencida.

Rápidamente notó que la persona que vendía los trapeadores en televisión no lo hacía como a ella le gustaría, y entonces decidió aparecer en QVC y venderlos ella misma. Hasta hoy ha generado más de 3 billones de dólares con su empresa de inventos.

"Es normal que uno empiece a cuestionarse. Como mujer voy a ofrecer el mismo consejo que me di a mí misma. Uno mira sus fortalezas, uno mira sus metas y uno se acepta como es. Tienes que ser fiel a eso que eres", le aseguró a *Bussiness Insider*.

¿Dónde se compra la seguridad en uno mismo?

Todas estas historias, que a mí me parecen fascinantes, te las cuento para que compruebes que las fórmulas de éxito se parecen mucho. Por eso es que yo confío tanto en ellas. Porque durante el tiempo que he dedicado a investigar el comportamiento de las mujeres más poderosas, esas que se convirtieron en las mujeres de sus sueños, llego siempre a unas conclusiones que me demuestran que el éxito no es propiedad de nadie y que conseguirlo está al alcance de todo aquel que trabaje mucho, cree sus propias estrategias, nunca se rinda y tenga mucha seguridad en sí mismo.

Si te gustó la historia del trapeador y te sentiste inspirado por Joy, te va a fascinar la historia de la faja.

Cierta vez, Sara Blakely, una chica común y corriente, se estaba alistando para irse a una fiesta cuando se dio cuenta de que se le salían unos gorditos (rollitos a los lados del abdomen). Sara decidió cortar sus pantimedias, y así nació Spanx, la faja que moldea la silueta y que a ella le engordó la cuenta de banco. Gracias a su invento, Sara se hizo millonaria.

Adiós fajas anticuadas e incómodas. Sara, sin sospecharlo, había comenzado la revolución de las masas cómodas.

En esa época, Sara vendía faxes y no tenía dinero ni para contratar un abogado que tramitara la patente para su invento. Pero eso no la detuvo. Se fue a Barnes and Noble, compró un libro que enseñaba cómo hacer patentes y ella misma escribió la suya.

No había fuerza posible que la detuviera. Se le había metido entre ceja y ceja que iba a realizar el sueño de patentar Spanx. Sarah vivía en Atlanta, y cuenta ahora orgullosa que manejaba cinco horas y media hasta Carolina del Norte a rogar que le fabricaran su invento. Solo tenía 5 mil dólares ahorrados y los invirtió. Con dos de sus *panties* milagrosos consiguió una cita en Neiman Marcus, donde ella misma se los modeló a la compradora, y le probó de paso que su producto no dejaba ver las feas líneas de los *panties* que tanto nos molestan a las mujeres.

La convenció enseguida.

Tres semanas después, Spanx estaba en los anaqueles del almacén y era un éxito. Lo siguiente fue nada menos que Oprah Winfrey los colocara en su lista de productos favoritos. Y si ya medio mundo conocía a Spanx, el otro medio lo conoció por Oprah.

Hoy, Sara tiene 44 años y su empresa vale un billón de dólares.

"Una de las mayores razones por las que las personas no se atreven a hacer cosas es por miedo al fracaso. Cuando éramos niños, mi papá siempre nos preguntaba a mi hermano y a mí en la mesa en qué habíamos fallado ese día. Si le contestábamos que en nada, se molestaba. Y si le decíamos en qué habíamos fallado, nos chocaba la mano. Él redefinió para nosotros el significado de fracaso: seguir siempre intentando", le confesó Sarah al *Tampa Bay Business Journal*.

Una de las buenas fórmulas que aconseja Sara es no hablar mucho de nuestros planes. Según ella, cuando uno tiene una idea y no la ha desarrollado lo suficiente, hay que defenderla sin muchas armas y hay que involucrar el ego, cosa que no es saludable. Entonces es mejor, opina, quedarse callado y no adelantar mucho nuestros planes hasta que podamos presentar cosas concretas. También aconseja no renunciar a tu trabajo hasta que el negocio de tus sueños esté seguro y, además, la regla mágica que siguen todos los triunfadores: no temerle a la palabra no.

"Yo la escuché más de mil veces", le dijo Sara a Anderson Cooper en una entrevista. "Pero yo creía en mí y en mi producto, y no me di por vencida".

El éxito de Sara ha servido de apoyo a otras mujeres, ya que no solo sigue inventando productos que nos hacen lucir mejor, sino que también creó la Fundación Sara Blakely, que ayuda a mujeres líderes y empresarias. Ella explica así el motivo por el que la creó:

"Creo que las mujeres deben ayudar a otras mujeres porque eso crea un buen karma. Es una pequeña forma de repartir mi buena fortuna".

Una de mis citas favoritas le pertenece a Madeleine Albright, quien fuera Secretaria de Estado durante la presidencia de Bill Clinton, y coincide con la filosofía de la inventora de Spanx: "Hay un lugar reservado en el infierno para las mujeres que no ayudan a otras mujeres".

Una vez una joven productora me preguntó con mucha curiosidad cómo yo puedo reconocer quién es buena persona y quién no, y así decidir ayudarla. Según ella, dada mi condición de jefa, todo el mundo puede fingir ante mí ser una buena persona.

Hace mucho tiempo decidí no escoger a quién apoyo. Simplemente ayudo a todo aquel que pueda ayudar. Si esa persona está fingiendo no es problema mío, es problema suyo. Tu vida se enriquece en la medida en que puedes hacer que otra persona siga creciendo. A propósito de enriquecer las vidas de los que nos rodean, mi consejo para todos los que quieran tener un mentor es que busquen a alguien que de verdad los inspire y a quien admiren. Un mentor tiene la responsabilidad de ayudarte a crecer. Y tú tienes la responsabilidad de aprovechar su experiencia y sus consejos. Cuando encuentres a esa persona, ten esto siempre en cuenta:

1. Debes respetar el tiempo de ese mentor. Por lo general, las personas exitosas tienen muchas ocupaciones, así que no te puedes convertir en su acosador porque obtendrás el efecto contrario al que quieres. Es importante que tu mentor sepa que lo admiras, no que eres su acosador fanático. Lo ideal es que lo puedas ver media hora una vez al mes, pero deja que sea él quien programe las citas contigo de acuerdo a su agenda.

2. Tienes que ser muy sincero y explicarle por qué quieres tener un mentor y lo que estás buscando de él. En mi caso, las veces que he tenido el honor de que me escojan de mentora, he tratado de dar mucho más cuando veo en esa persona el interés genuino de superarse. Eso quiere decir que intento ponerlos en contacto con otras personas que puedan ayudarlo en su carrera.

3. Tu mentor debe aprender de ti. Hazlo sentir orgulloso. Comparte con él tus planes y tus estrategias. Escoger un buen mentor es escoger un GPS hacia el triunfo.

Otra cosa que escojo con mucho cuidado, a la edad que tengo, es la gente en la que voy a depositar mis sentimientos. Y profesionalmente lucho mucho por no atarme emocionalmente a colegas o jefes.

Seguramente te sorprendan mis palabras, pero la experiencia me ha enseñado que en el camino de la vida profesional hay muchas salidas y que no podemos sufrir cada vez que uno de nuestros compañeros consigue un mejor trabajo o a nuestro jefe lo despiden o lo trasladan a otro lugar.

"Eso no se puede evitar", me decía hace poco un alto ejecutivo. "Sin querer, le vas tomando cariño a la gente con la que trabajas y de alguna manera eso habla bien de uno". Válido.

Pero también sé que a las personas muy emotivas (como yo) se nos va un pedacito del corazón cada vez que alguien abandona nuestro grupo. Aunque me llevo muy bien con todo equipo de trabajo, trato de no socializar mucho con ellos por dos razones. Una, porque sé que se van a sentir mucho más libres si la jefa no está allí; y dos, porque la experiencia me ha enseñado que mi objetividad como líder no puede estar influenciada por la amistad que pueda tener con los integrantes de mi equipo.

Todos saben que estoy disponible las 24 horas del día, pero también saben que nunca me voy a aparecer en su casa el domingo.

Qué hacer para seguir escalando posiciones

El verdadero poder que tenemos las mujeres se manifiesta cuando apoyamos y ayudamos a otras mujeres. Estoy convencida de que seremos más exitosas en la medida en que el triunfo de otra nos inspire.

A mí me encanta rodearme de mujeres y escuchar sus historias, saber qué formulas les han funcionado y cuáles no. Me llama mucho la atención ver a mujeres que escalan posiciones rápidamente y descubrir que en todas sus historias hay un denominador común: el liderazgo. Susan Colantuono, directora de la firma consultora Leading Women, asegura que para aspirar a mejores posiciones laborales y no quedarnos estancadas, las mujeres (y los hombres) debemos demostrar nuestras cualidades como líderes.

"Tienes que ser reconocido por usar esa grandeza que posees, aprovecharla para ofrecerle grandes resultados a la empresa y de esa manera sacar lo mejor de cada uno de los empleados trabajando efectivamente con cada uno de ellos", explica Colantuono. Una de las mujeres que sabe hacer eso a la perfección es Jaqueline Blanco, la directora de la prestigiosa revista *Vanidades*. Jackie y yo comenzamos nuestras carreras juntas en Editorial América, yo como reportera de *TVyNovelas* y *Cosmpolitan* y ella de *Tú*, *Coqueta* y *Marie Clarie*. Como no nos alcanzaba el cheque de la quincena, ella vendía accesorios (yo era su mejor clienta) y yo trabajaba de noche en una tienda de ropa en el centro comercial Bayside, en Miami.

La recuerdo apasionada por su carrera de redactora y siempre corriendo por los pasillos de la editorial. Teníamos gustos tan parecidos que un día llegamos con el mismo vestido a la oficina. Jackie emigró de Cuba a Venezuela, y de Venezuela había llegado buscando su sueño a Miami. Tenía fama de ser una gran escritora y siempre, siempre, se veía feliz. Lo mejor de todo es que treinta años después, esta mujer exitosa sigue igual de feliz, de sencilla... y de veloz, pues con su gran talento y conocimiento de revistas femeninas, ha logrado ser directora de revistas en español tan prestigiosas como *Vogue, Glamour, Harper's Bazaar, Cosmopolitan* y *Vanidades*. Sin temor a equivocarme, creo que no exista otra latina que tenga ese récord. Pero, ¿cómo maneja el estrés esta reina de las revistas?

"¿Estrés? Yo no me doy ese lujo de detenerme a pensar que estoy estresada. Yo mi tiempo lo dedico a resolver".

La primera revista que Jackie dirigió fue *Glamour*. Cuando le dieron ese cargo, lo primero que tuvo que hacer fue viajar a Nueva York a entrevistarse nada menos que con Ruth Whitney, quien fuera editora de *Glamour* en inglés durante 30 años e influyera en la vida de varias generaciones de mujeres feministas por ser una de las periodistas más influyentes de Estados Unidos. Ruth se atrevió a tocar temas que nadie tocaba en esa época, como sexo, política y salud, y su misión era que la revista hiciera sentir bien a las mujeres por dentro y por fuera. Jackie cuenta una anécdota de cuando le dieron ese importante cargo que ilustra perfectamente la manera en que funcionamos las mujeres muy ocupadas: "Yo estaba realmente emocionada de conocerla [a Ruth Whitney]. Recuerdo que compré mi primer traje de diseñador, de Armani, y en el corre-corre del viaje se me olvidó empacar pantalones. Llegué a Nueva York solamente con una chaqueta. En ese momento, solo se me ocurrió agarrar un sencillo *jean* y ponérmelo con mi elegante chaqueta de Armani. Nunca olvidaré que cuando llegué a la oficina de *Glamour*, me encontré con la directora, que me miró de arriba abajo y me dijo que aprobaba mi vestuario. Respiré aliviada.

"Cuando entré a la oficina de Ruth y me encontré frente a frente con esta gringa poderosa que yo admiraba tanto, comprobé que era una mujer sencilla, calmada e inteligente". Inmediatamente me inspiró confianza. Lo mismo me ocurrió cuando dirigí *Vogue* y tuve que encontrarme con la poderosa Anna Wintour, su directora. Todo el mundo me hablaba de ella. Y todos me decían cosas distintas. Recuerdo que viajé con el jefe de la editorial, y en cuanto Anna nos recibió, lo dejó a él afuera y solo me hizo pasar a mí. Me encontré con una mujer puntual, exquisitamente elegante, desenfadada y muy amable. Esto lo cuento porque es importante aclarar que en mi carrera me han apoyado grandes mujeres, como debe ser. Y para que no te dejes echar cuentos de nadie, ve y compruébalo todo tú misma.

"Cuando yo era niña, tenía miedo de dormir sola. Un día mi papá me dijo 'cuando tengas miedo, levántate y prende la luz. Los miedos hay que enfrentarlos'. El mejor consejo que le puedo dar a todos los profesionales que quieran seguir ascendiendo es que nunca se queden callados. Yo nunca en mi vida me he quedado callada, aunque supiera que me costaría el puesto. La vida es la mejor escuela contra el miedo. El otro consejo: dedícale tiempo a tu familia. Es lo más importante".

¿Qué le diría Jackie hoy a esa jovencita que yo recuerdo corriendo como loca por los pasillos de Editorial América?

"Le diría 'sigue corriendo, corre más duro que el tiempo no regresa'. Durante toda mi vida profesional siempre he pensando que juego a hacer revistas, y por eso no hay mucha diferencia entre aquella jovencita que corría por los pasillos y lo que soy ahora. La madurez te da confianza y más responsabilidad, pero para mí levantarme a diario a trabajar es tan divertido que me parece que estoy yendo a jugar, porque no me he permitido perder durante toda mi vida un solo ápice de entusiasmo y pasión por lo que hago".

Esa curiosa alergia a los elogios. ¿Por qué nos da miedo brillar?

Parte de nuestra inseguridad en la vida la demostramos cuando no somos capaces de aceptar un elogio. El problema que sufrimos muchas personas es que nos da vergüenza ser reconocidos. Nos cuesta mucho trabajo aceptar que nos merecemos que nos feliciten. Uno de los ejemplos que siempre les doy a mis amigas es lo que sucede cuando alguien nos dice un halago.

Si nos dicen que estamos lindas, en vez de agradecer, siempre sacamos el *pero*. "¿Linda? Pero si el vestido me queda estrecho". O "¿flaca yo? *Pero* si todavía me falta bajar 20 libras".

Aceptar los elogios es aceptar nuestra excelencia, y eso no tiene nada de malo.

A mí me da mucha curiosidad analizar las reacciones naturales de las personas a los elogios profesionales que les dan. Vamos a ver qué tan familiares te resultan estas:

Los que responden con otra pregunta:
—Te quedó muy buena esa investigación.
—¿Tú crees? ¿No te parece que le faltó más creatividad?

Los que generan discusión:
—Excelente trabajo.
—A mí no me pareció tan excelente. Pienso que debí haber intentado recopilar más datos. No estoy de acuerdo contigo.

Los que te ignoran:
—Qué bien te quedó esa presentación.
—Tú y yo tenemos una conversación pendiente.

Los que se destruyen:
—Me gustó mucho la manera en que hablaste.
—¡Horrible! ¡Me quiero morir!

Seguramente te has reconocido en alguno de estos ejemplos, lo que indica que la próxima vez los vas a recordar y simplemente vas a agradecer el elogio que te hagan. Una cosa es que seamos autocríticos, que queramos superar siempre nuestros resultados y otra muy distinta que ensuciemos siempre el agua de la lluvia de bendiciones que estamos recibiendo.

La razón por la que no los aceptamos es simple.

No creemos merecerlos. Mientras sigamos pensando así, estaremos negándonos la posibilidad de triunfar.

En un mundo ideal, las mujeres siempre nos apoyaríamos las unas a las otras. Puedo adivinar algún pensamiento que se quedó trabado en esa frase. ¿Qué pasa cuando esas mujeres no son unas líderes, sino unas brujas, y en vez de empoderar, empeoran todo con su mala vibra y sus malas acciones?

Sí, es verdad. Las brujas existen en los lugares de trabajo. Pero también hay brujos. Y tranquilamente nos pueden atravesar la escoba para hacernos tropezar y además ponernos una zancadilla. De esas personas miserables que siembran discordia solo te puedo decir que no se puede permitir que salgan triunfantes. En mi vida profesional he conocido a algunos, y sin pensarlo dos veces los he desenmascarado. Mi único consejo es que trates siempre de hacer justicia sin hacer daño.

Las personas mentirosas y chismosas que solo crean caos pensando que así podrán interrumpir tu camino al éxito y acelerar el suyo, son por lo general personas muy cobardes. Tu valor es lo único que necesitas para sacarlas de tu campo de acción. No hay nada que asuste más a un chismoso que la confrontación.

No he conocido a ningún miserable que sea valiente.

A lo largo de mi carrera siempre escuché algo que me producía tristeza y decepción. Que las mujeres poderosas eran malas. Que no había otra manera de llegar al poder que siendo una bruja.

Gracias a Dios he comprobado que no todas las mujeres poderosas son brujas. Y que por lo menos ese apelativo no es necesario para triunfar.

Confieso que a medida que iba conociendo más el mundo laboral y tenía el privilegio de trabajar cerca de muchas mujeres poderosas esa percepción se fue diluyendo. Descubrí que una cosa es ser fuerte y otra cosa muy distinta es ser bruja. Descubrí también que todas somos muy parecidas (las fuertes, no las brujas), y que gracias a Dios estamos viviendo un momento en un mundo en el que nos unen sueños parecidos: el éxito profesional y el éxito como seres humanos.

Eso no quiere decir que no quede una escoba por ahí mal parqueada y que en tu sitio de trabajo todavía queden brujos por exterminar.

Para exterminarlos hay que saberlos reconocer.

Los que siempre se quiere llevar el mérito.

Que no quede duda: ellos fueron los que lo hicieron posible.
Y sin ellos, no hay resultados.

Los que por todo pelean. Nada les parece justo. Son los que siempre están poniendo quejas.

Los chismosos. Se encierran en tu oficina a contarte todo lo que pasa afuera.

Los mentirosos. Son los más peligrosos de todos porque inventan y en tu propia cara te dicen cosas que no son ciertas.

Los espías. Los que hacen alarde de ser amigos del jefe y crean terror entre el equipo porque van y se lo cuentan todo, a su manera.

¿Reconoces a alguien?

Mi consejo: no le tengas miedo a ninguno. Confróntalos.

Tú tienes que sobresalir por tu trabajo, y punto. Si sabes quiénes son y cómo operan, eres lo suficientemente inteligente para no caer en sus trampas. Saca valor de defenderte ante tus superiores si llegas a caer en sus redes.

En mi vida profesional he tenido la suerte de trabajar con mujeres y hombres maravillosos que nunca me han hecho sentir menos valiosa. Al contrario, he sido una afortunada, desde que empecé, por sentirme respetada y valorada donde he ido.

Tengo que reconocer que me encanta trabajar con hombres. Lo considero profesionalmente saludable. Conocer sus puntos de vista y aprender de ellos la manera tan práctica como ven las cosas es fantástico.

Si te fijas bien, los hombres proyectan confianza y experiencia. Hay que aprender a entrar a las reuniones con su misma fuerza, sin esperar a que nos inviten. Los hombres expresan su punto de vista sin rodeos. Y son muy buenos trabajando en equipo. No se llevan los problemas personales al trabajo (por lo menos no se les nota) ni lloran cuando se sienten presionados.

Es más, creo que pocos reconocen públicamente que sienten presión. Y no voy a decir aquí que a los hombres no les gusta el chisme porque eso es mentira. A los hombres que yo he conocido, en todos los niveles, les fascina oír chismes.

Pero de ellos debemos aprender a pensar en grande, a enfocarnos mejor y a negociar nuestro valor en el mercado.

Hace un tiempo nos visitó en *Despierta América* Nina García, directora creativa de la revista *Marie Claire*. Mi ilusión por conocerla era doble. Primero porque la revista me encanta, ya que combina todos los detalles que se necesitan para empoderar a una mujer; y segundo, por puro orgullo: Nina es colombiana, de Barranquilla.

Cuando fui a darle la bienvenida a la sala de maquillaje me llevé la mejor de las sorpresas.

Siendo una de las mujeres más influyentes y poderosas en el mundo de la moda, Nina es también una de las mujeres más sencillas que he conocido. No solo conmigo, sino con todas las chicas jóvenes que son fans del programa *Project Runaway*, del que Nina es jurado.

De hecho, ese día nuestra productora de moda me acompañó a saludarla, y le pedí ahí mismo que le diera un consejo a alguien que, como ella, quiere triunfar en el mundo de la moda en Estados Unidos.

"Hacer una pasantía en una empresa importante. Yo tuve la oportunidad de hacerla con Marc Jacobs", nos dijo.

A pesar de que sus días no son iguales (puede estar en Los Ángeles, supervisando una sesión de fotos para la portada de *Marie Claire*, o en París, sentada en primera fila de un desfile de moda de Chanel), Nina no siempre tuvo días tan glamorosos.

"Cuando salí de la universidad tuve que buscar un trabajo que me patrocinara la visa en Estados Unidos. Trabajé por muy poco dinero. Recuerdo que el hecho de ser inmigrante me ayudó porque, al ser colombiana, yo tenía otro punto de vista, y eso me llenaba de seguridad", me contó Nina ese día.

¿Te has puesto a pensar qué te llena a ti de seguridad?

Si no encuentras muchas razones, desafortunadamente no estás solo. Lo comprobé cuando entró a mi oficina una supervisora de otro departamento (justo cuando escribía este capítulo) y me contó que sufría del común mal de sentir terror a hablar en público. "Me da tanto miedo que le pedí a otra persona que hiciera la presentación por mí", me dijo. "Cuando la veía haciendo *mi* presentación, me daban ganas de interrumpirla porque no estaba diciendo las cosas como *yo* las había creado y pensado. Por eso, esta vez, me voy a llenar de valor y voy a hacerla yo misma".

Después de aplaudirla le dije:

"Me encanta escuchar estas historias. Qué maravilla poder sentir que estás creciendo". Pero muy seria me respondió: "Hay un problema, Luzma. Yo le tengo miedo a crecer".

Miedo a crecer... El problema de esta colega es tristemente común. La falta de seguridad en nosotros mismos hace que no sigamos creciendo profesionalmente.

Según Grace Killelea, fundadora y directora del Instituto de Liderazgo Half the Sky, uno tiene que fingir confianza en sí mismo hasta lograr tenerla verdaderamente.

¿Cómo se hace eso?

Grace asegura que hay que cuidar la postura, vestir bien, erguir la cabeza y poner los hombros derechos. Sus consejos son maravillosos porque reflejan la realidad de nuestras inseguridades. Por ejemplo, cuando no tenemos confianza en nosotros mismos, tendemos a hablar muy bajito, a estar encorvados. Cruzamos los brazos. Pues bien, hay que hablar pausadamente, sentarnos derechitos y subir el volumen de la voz, sin miedo, cuando sea necesario. Hay que alzar el brazo y mentalmente editar ese comentario que hará que te luzcas.

Y sé lo que estás pensando.

"¿Cómo sé que me voy a lucir con ese comentario?".

Pues preparándote.

Investigando sobre el tema. Según Grace, la mayoría de las mujeres creemos que trabajando duro nos haremos notar. Pero no es suficiente. Ella aconseja crear nuestra propia red para ofrecer información, conseguir poder y encontrar oportunidades. De esa manera uno crea su propia fuerza.

Grace, una apasionada del liderazgo femenino, describe el éxito con cuatro R:

Relaciones
Reputación
Resultados
Resiliencia

De estos cuatro factores, estoy convencida de que la resiliencia, que es la capacidad de sobreponerse a situaciones difíciles, es la que más debemos practicar. Porque el hecho de caernos fácilmente cuando algo no nos sale bien es lo que muchas veces nos detiene en esta carrera continua hacia conseguir nuestros sueños.

Cuando pertenecemos a la fuerza laboral tenemos que aprender a vivir entre crisis y entender que así como se forman, también así se pasan. El cambio es parte de la vida, y cualquiera que sea el problema por el que estamos pasando, tenemos que actuar para resolverlo. El mayor problema de un problema es no intentar resolverlo.

Recuérdalo: todo se puede resolver

Una de las mujeres más fuertes y brillantes que conozco (y que tengo la fortuna de querer mucho y de llamar amiga) se llama Becky Villaescusa. Trabajamos juntas muchos años en TeleFutura y todavía recuerdo nuestras conversaciones a las 10 de la noche en mi oficina, mientras le contestábamos el teléfono a nuestros maridos y les jurábamos que ya íbamos rumbo a casa.

¡Cómo nos reímos todavía al recordarlo! A Becky la heredé como productora, después de haber trabajado como productora para Cristina Saralegui y como asistente de la primera dama de Puerto Rico, Maga Roselló. Siempre se destacó por entregarse a su pasión: la producción.

Becky era la que más ideas me traía, la que se atrevía a hacer las propuestas más locas, la que mejor relación tenía con los artistas y la que más tarde salía de la oficina. Siempre supe que también era la que más lejos llegaría de ese grupo y no me equivoqué.

Un día, se fue dispuesta a luchar por convertirse en la mujer de sus sueños. Y lo logró. Entró a formar parte de Latin WE, la empresa de Luis Balaguer y Sofía Vergara donde hoy es vicepresidenta ejecutiva. Cuando le pregunté su fórmula para convertirse en la mujer de sus sueños, me respondió: "Siempre he tenido muy claro lo que me gusta hacer, lo que me llena y apasiona. Siempre he dicho y recomiendo que hagas en la vida lo que te gusta, lo que haces con pasión. Es la única forma en que vas a llegar lejos, haciendo lo que te gusta, lo que te entretiene, lo que te motiva, lo que te hace levantarte por la mañana con ganas. Eso es lo que va a lograr que destaques y te diferencies de los demás. Es normal tener-le miedo al cambio, a lo nuevo, porque dejas siempre algo importante o personas a quienes les has tomado cariño. También he aprendido que es normal seguir tu intuición, que está permitido, porque la mayoría de las veces no falla. Yo me pongo metas a corto y a largo plazo, y reviso esas metas a medida que pasa el tiempo. Para mí es importante disfrutar ese proceso, el recorrido hasta llegar a ellas. Creo que muchas veces nos enfocamos tanto en la meta que se nos pasa el tiempo, las experiencias, los días, porque solo estamos pensando en el momento que lleguemos a alcanzar algo. Después, cuando llegamos a la meta, estamos tan pendientes de lo siguiente que no lo valoramos, no lo disfrutamos, y ni siquiera nos damos el tiempo de felicitarnos nosotros mismos.

Yo compito conmigo misma. Mis logros los disfruto y deseo que mis hijas los disfruten conmigo. Quiero que me vean como un ejemplo. El mejor consejo que le puedo dar a esa persona que quiere realizar sus sueños es: estudia, prepárate al máximo, que no hay prisa. Enfócate y no pierdas tiempo mirando al de al lado porque eso es tiempo que te quitas a ti mismo. Y a las mujeres le digo: asegúrense de que están bien pagadas. Mujer: tu trabajo vale".

Becky aconseja tener siempre un plan y una estrategia y ser agresiva para perseguir esa meta con la que sueñas.

"Mantén la cabeza fría, no negocies con los sentimientos. Ahorra y mantén un equilibrio entre tu vida personal y profesional. Sé agradecido con Dios, con todos los que de una forma u otra te ayudan, y contigo mismo. Disfruta la vida, que hay solo una".

Y eso Becky lo sabe muy bien porque ha vivido, desde hace 14 años, con el dolor de tener a una hija enferma. Nicole, una de sus gemelas, una niña linda, inteligente, sensible y graciosa, nació con un problema en los pulmones. Con el paso del tiempo se fue agravando, afectó su corazón y la única salvación que dieron los médicos fue un trasplante de corazón y pulmones. Nicole tuvo que mudarse de Miami a Boston a esperar un donante y vivir en un hospital durante meses. Becky, que nunca dejó de trabajar, vivía viajando entre las dos ciudades, soportando con una fuerza impresionante el dolor y el miedo de ver que la vida de su hija dependía de un milagro. Dios no pudo escoger un mejor día para hacerlo: un 24 de diciembre a las 6 de la mañana, Nicole entró a cirugía. Ese día nació otra vez. Y a todos nos multiplicó la fe.

"Ha sido una experiencia que me ha cambiado la vida", cuenta Becky cuando le pregunto de dónde se sacan las fuerzas. "Esto sí es un problema, tener una hija enferma y no poder controlar nada. No poder ayudarla más, eso sí es una preocupación. Te das cuenta de que otras cosas de la vida no son problemas. Recuerda: todo se resuelve. En esos momentos ves que no valoramos lo importante de la vida y que damos todo por hecho. El sueño de mi hija todos los días que estuvo en ese hospital era ¡poder salir y ver el sol!

"Fueron meses, días, minutos muy difíciles, pero se hizo un milagro, el día 24 de diciembre a Nicole le hicieron el trasplante y ha sido todo un éxito.

"Ahora también hay una misión para nosotros, para ella y para sus tres hermanas. Queremos crear conciencia para que la gente se registre como donante y salve vidas.

"¿De dónde se sacan fuerzas? Del amor tan grande que siento por mi hija. La fortaleza me la dio Nicole. Quien se mantuvo más fuerte que nadie. Mi familia y mis hijas han sido todas una guerreras. Todo eso nos ha dado más fuerza para lo que queremos lograr en la vida, por conseguir nuestros sueños".

SÚBELO A LAS REDES

"Uno pide un aumento de sueldo porque se lo merece, y punto".

"Parte de nuestra inseguridad en la vida la demostramos cuando no somos capaces de aceptar un elogio".

"Una cosa es que seamos autocríticos, que queramos superar siempre nuestros resultados, y otra muy distinta que ensuciemos siempre el agua de la lluvia de bendiciones que estamos recibiendo".

"El verdadero poder que tenemos las mujeres es el de apoyarnos y ayudar a otras mujeres. Estoy convencida de que seremos más exitosas en la medida que el triunfo de otra nos inspire".

"Tu vida se enriquece en la medida en que puedes hacer que otra persona siga creciendo".

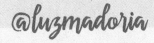

@luzmadoria

CAPÍTULO 10

HACIENDO LAS PACES CON EL PASADO PARA BRILLAR EN EL FUTURO

Durante los 13 años que Cristina y yo dejamos de hablarnos no hubo un solo día en que yo no le agradeciera en silencio todo lo que me enseñó.

Y quizás uno de los días en que más sentí que al destino a veces le gustaba hacer bromas pesadas fue cuando las dos ocupamos la misma lista de las 25 mujeres poderosas de la revista *People en español* en 2009.

Internamente tuve el deseo de que se sintiera muy orgullosa de mí. A veces, tengo que confesarlo, me asustaba la idea de que una de las dos muriera sin habernos reconciliado.

Otra broma pesada del destino fue cuando escogieron *Escándalo TV* para dar la noticia de que se acababa el *Show de Cristina* y yo misma redacté la noticia que se leyó al aire. Ese día me invadió una gran tristeza, no solo por haber sido una fiel televidente del *show* sino porque ese programa fue una parte muy importante de mi vida profesional. Me dieron muchas ganas de llamar a Cristina y darle las gracias por habernos educado a los hispanos durante tantos años llamando a las cosas por su nombre. Alguien que la conoce muy bien me aconsejó que no lo hiciera.

"No es el momento, Luzma. Quizás no entienda en este momento tu llamada".

Preferí no hacerlo y dejar que pasara el tiempo. Hasta que un día, varios años después, mi jefe en ese entonces, Alberto Ciurana, me llamó por teléfono y me preguntó a quemarropa: "Luzma, ¿te gustaría tener a Cristina en *Despierta América*? Está promoviendo su libro y me parece bien que regrese a la que fue su casa durante tanto años".

En ese momento comprendí que Alberto era el enviado del destino haciéndome la oferta de hacer las paces con mi pasado. Solo se me ocurrió contestarle que sí.

"Escríbele y coordina con ella su regreso", me dijo Alberto, y las ideas y los recuerdos me empezaron a dar vueltas en la cabeza.

¿Cómo sería el reencuentro?

¿Dónde?

¿Qué nos íbamos a decir?

Había llegado la hora de hacer las paces con el pasado. Y no te imaginas lo rico que se siente.

Esa tarde llegué a mi casa dispuesta a redactar el *email* con el que se abriría, como dicen los políticos, el proceso de paz. Por la noche, después de pensar en mil maneras de escribirle, agarré el teléfono y una vez más, como hago siempre que la cabeza me dicta 15 cosas diferentes para hacer, dejé que el corazón me dictara lo que tenía que escribir:

Mati:

La última vez que nos vimos no había Twitter, ni iPhones, ni dos Papas vivos. Tú no eras abuela ni yo la mamá de una universitaria. Creo que lo único que se conserva intacto de esa época es el agradecimiento y la admiración a mi primera jefa. A mi mentora.

Hoy, cuando Alberto me dijo que me comunicara contigo para que planeáramos tu regreso a Univision en Despierta América *te confieso que me asusté, pero como también me enseñaste a ser valiente, aquí me dispongo a apretar la tecla de* Send *para que me cuentes cuándo podemos vernos. Separa 3 horas de tu agenda que estoy segura que una será de puro llanto.*

Un abrazo,

Luzma

Su respuesta fue rápida:

Querida Luzma:

Gracias por tus palabras, tienes razón. Ha pasado mucho tiempo y han cambiado los sistemas de comunicarnos, pero lo único que no ha cambiado para mí es que siempre te he considerado como una hija, y como tal, he aplaudido todos tus éxitos y solo he deseado cosas buenas para ti y tu familia. Déjame saber cuándo puedas reunirte, porque tú estás mucho más ocupada que yo. Te aseguro que la vamos a pasar muy bien. ¿Para qué revolver el pasado cuando el presente nos puede brindar tantas nuevas alegrías?

Mati

¡Ahí estaré! ¿Te importa que vaya con Víctor Santiago (fue tu pasante en el show *y hoy es el productor general de* Despierta América*) para que planeemos toda la estrategia de la promoción de tu libro?*

Luzma

¡Hija linda!

¡Gracias por traer nuevamente la felicidad a mi vida! Nunca me equivoqué contigo... Valió la pena esperarte y quererte todos estos años. Nos vemos el lunes. Te amo.

Tu vieja

La enorme puerta de vidrio dejaba ver que venía caminando a recibirme junto a Marcos. Y cuando me abrió la puerta aquel lunes, no hubo necesidad de decir nada.

Nos abrazamos.

Y lloramos.

Esa tarde nos sentamos a hablar por más de dos horas. Como las viejas amigas que se encuentran después de vivir a plenitud y deciden confesarse todo lo que han hecho.

Lo malo y lo bueno. Lo bueno para que la otra se sienta orgullosa.

Lo malo para que la otra no lo repita.

Trece años después le conté a Cristina Saralegui que no había habido un solo día de mi vida que no le hubiera agradecido todo lo que me enseñó.

Marcos, que siempre fue mi cómplice y mi amigo, me dijo con el mismo cariño de antes: "Luzma, no supimos procesar tu renuncia".

No hubo necesidad de decir más.

Aquella Cristina altiva de antes se quedó en el pasado. La de hoy, recuperada del alcoholismo, preocupada por la bipolaridad de su hijo Jon Marcos, nuevamente nos daba a todos una gran lección de vida.

"Me arrepiento de haber herido a tanta gente por no haber tenido conexión entre el cerebro y la boca", me dijo.

Fue muy emotivo que Víctor Santiago, quien había sido pasante del *Show de Cristina* cuando salió de la universidad, y yo, que había sido su hija profesional, produjéramos su regreso.

Salí esa tarde de su casa convencida de que hay que reconciliarse con el pasado para disfrutar más el presente.

Sin rencores. Sin cuentas pendientes.

El éxito es un regalo del universo que se manifestará en tu vida de muchas maneras, pero la única forma de disfrutarlo a plenitud es cuando limpias el corazón de rencores y la mente de toxinas. Cuando llenas tu corazón de generosidad.

Porque si de algo estoy segura es de que si eso no ocurre en tu vida, aún no sabes lo que es el verdadero éxito.

La vida da muchas vueltas, y en esos recorridos curiosos que planea Dios, el destino siempre se va a encargar de buscar la manera de ponerte en paz con tu pasado. Hazle caso.

Hay quienes pasan de largo.

Otros se detienen y aceptan la oferta.

Yo soy de las del segundo bando.

Mi maestra regresó a Univision un par de semanas después de nuestro encuentro. Y lo hizo en el programa de su alumna. En *Despierta América*. Paola Gutiérrez, nuestra magnífica reportera, le hizo una entrevista previa a su regreso en vivo en la que Cristina confesó que le faltaba por conocer al cineasta Guillermo del Toro, de quien se declara admiradora. Víctor hizo la gestión para que Guillermo, que tenía planeado venir al *show* otro día, estuviera el mismo día que iba a venir Cristina.

Ese día la recibí con la misma emoción y admiración con la que entré a su oficina hace 30 años en mi primer día de trabajo.

Ese día Estados Unidos fue testigo del regreso de una Cristina más sabia y menos arrogante. Una Cristina que ha sufrido mucho y quizás por eso hoy sabe ser más feliz. Una Cristina que aún se ríe de sí misma y me sigue haciendo reír a mí con sus "cristinazos".

"Me daba miedo de que te murieras sin que hiciéramos las paces", le confesé.

"Oye, cabrona, ¿y por qué me iba a morir yo? Tú también te podrías haber muerto".

Después de nuestra reconciliación y en otro gran acto gigante de generosidad, Cristina me pidió que fuera yo quien presentara su libro *Pa'rriba y Pa'lante* en la librería Books and Books de Miami.

Acepté inmediatamente llena de felicidad y mucho orgullo. Esa noche después de contar mi historia junto a ella, terminé diciendo:

"Cuando leí este libro, recordé a aquella niña de Cartagena que quería conocer y trabajar con Cristina. Cuando leí este libro pensé en todas las niñas que quieren convertirse en profesionales exitosas. Este libro es el mapa perfecto para que sigan su camino hacia el éxito. Es un honor presentarles esta noche a mi mentora y a mi madre profesional, Cristina Saralegui".

Y así, como haciendo un cambio de guardia, esa noche, sentí nuevamente que era hora de entregar las armas y dártelas a ti que, como yo, no te cansas de seguir soñando. Y aprovecho este momento para preguntarte:

¿Tú eres hoy lo que siempre has querido ser?

¿Luces como quieres lucir?

¿Estás donde quieres estar? ¿Con quien quieres estar?

¿Pesas lo que desearías pesar?

¿Ganas lo que quisieras ganar?

¿Disfrutas lo que haces?

Si en este momento pudieras lograr el sueño que te diera la gana, ¿cuál sería ese sueño?

(Aquí te permito marcar la página, cerrar este libro
y pensar bien las respuestas).

Haz una lista de lo que quieres lograr. Escribir ejerce una atracción extraordinaria en los planes. El solo hecho de verlo ahí escrito, de poder leerlo, ya significa que podrá realizarse. Yo tengo fama de ser muy preguntona. Más que preguntona, creo que soy inmensamente curiosa y me llama mucho la atención conocer cómo funcionan los seres humanos.

Averiguar sus fórmulas.

La mayoría de las veces que le pregunto a alguien por sus sueños, noto una sonrisa tímida, un misterioso silencio. Como si mientras más secretos fueran esos sueños, más posibilidad hubiera de hacerlos realidad.

A veces me preocupa cuando noto un común denominador: si le quitas las excusas a la gente para realizar sus sueños, parece que se quedaran sin ellos.

Y eso es grave.

Porque para convertirte en lo que quieres ser, tienes que tener muy claro lo que quieres ser. Sentir una gran pasión por algo. Como dice el gran periodista Jorge Ramos: "Tienes que hacer lo que más te gusta. Vas a ser muy miserable si no haces lo que te gusta en la vida".

Y eso lo tiene muy claro hoy Sofía Vergara.

La sabiduría de Sofía

Una de las maravillosas oportunidades que me ha regalado el escribir este libro es reencontrarme con personas que admiro profundamente y a las que he visto triunfar en grande, como Sofía Vergara.

De todos los hispanos que he entrevistado en mi carrera, ella es una de las pocas que nos puede dar la lección más grande de perseverancia y pasión por un sueño. Y si ya conté en un capítulo anterior cómo pensaba Sofía antes de convertirse en la estrella de televisión mundialmente famosa que es hoy, de ser una empresaria reconocida y una de las mujeres más poderosas e influyentes de Estados Unidos, ahora quiero que lean con atención las fórmulas que compartió conmigo cuando accedió generosamente a ser parte de este libro.

———

¿Te convertiste en lo que soñabas de niña allá en Barranquilla?

Yo no soñaba tanto en convertirme en algo, sino en ser algo: una mujer feliz, independiente, tranquila, libre para hacer lo que me diera la gana sin tener que pedir permisos, ni rendirle cuentas a nadie, sino a Dios. Y a él le agradezco todo lo que he conseguido.

———

¿Dime tres cosas que te ayudaron a mantener la fe durante el proceso de conseguir el éxito en Hollywood?

Lo primero fue la claridad de qué era lo más importante en mi vida: mi hijo, y la responsabilidad de sacarlo adelante como mamá soltera. Eso no me daba la opción de rendirme o tirar la toalla cuando las cosas se ponían duras desde que yo tenía 19 años. Me ayudó mucho entender que para crecer hay que respetar a la gente que sabe más que uno. A esas personas uno las tiene que escuchar y observar, y de lo que digan hay que aprender, porque si esas personas están donde están es porque algo especial hicieron o tienen de lo que puedes aprender y te puedes beneficiar. Con la actitud correcta se puede preguntar cualquier cosa respetuosamente sin insultar o cuestionar. Todos los días hay oportunidad de aprender, en mi caso desde la señora que limpia mejor que tú y deja el cuarto del hotel oliendo delicioso, o la maquilladora que te deja la piel tan linda, la colega que crió a sus hijos tan bien y el director que te aconseja cómo sacarle más jugo a una escena. Si uno confía en sus instintos y aprende todos los días de las personas correctas, uno se va graduando como de una especie de universidad de la vida que es mejor que cualquiera y ¡gratis! Uno no se tiene que tomar todo tan en serio. De todo se puede reír, incluso de uno mismo y de sus fracasos. Dejar el drama, la autovictimización y la excesiva complicación es bien liberador, hace la vida más feliz, logra que más gente positiva quiera estar y trabajar contigo y te quita el miedo. Siempre pienso *qué es lo peor que puede pasar*. Y nunca lo peor me ha detenido de hacer, intentar o enfrentar algo que me sale del corazón y/o del cerebro.

———

¿Cuál es el mejor consejo que te han dado?

"El mono sabe a qué palo se monta". Me lo dijo mi mamá y es cierto. Uno tiene que andar por la vida abiertamente demostrando que uno no se deja de nadie, dejando clarito cuáles son sus valores, principios y límites. Algo estás haciendo mal si los jefes no te respetan, o si te toca poner en su lugar a hombres casados que te coquetean, o si tus hijos te tratan irrespetuosamente. Uno siempre debe darse su lugar.

———

¿Qué le aconsejas a esa niña de Barranquilla, México, Miami, Los Ángeles o Santo Domingo que quiera ser tan exitosa como tú?

"Niñas: uno en la vida no espera a que pasen las cosas, uno las busca y hace que pasen. Lo más importante en la vida de una mujer es construirse un camino con absoluta libertad para hacer lo que le dé la gana y ser feliz... Un mundo donde pueda soñar lo que quiera, amar a quien quiera, vivir donde quiera, gastar en lo que quiera, tener los hijos que quiera y educarlos con el alma, y eso solo se logra con independencia económica y emocional. El camino más divertido para lograr eso es encontrar como profesión algo que te encante, para que trabajar duro sea interesante. Pienso que una mujer jamás debe dejar de trabajar, ni dejar que un hombre le corte la alas, y si uno tiene hijos debe disfrutarlos y usarlos como motor, no verlos como una carga y muleta, que es lo que hacen muchas. El éxito es algo alcanzable para cualquier mujer positiva dispuesta a luchar y a ignorar obstáculos".

No pudo haber tenido mejor nombre Sofía, que en griego significa sabiduría. No hay duda de que la vida le demostró que sus fórmulas dan resultado.

Piensa como los triunfadores

Dicen que al que madruga Dios le ayuda. Me consta. Leyendo un artículo en la revista *Forbes* descubrí que madrugar es precisamente uno de los hábitos más comunes entre las personas exitosas.

Las personas exitosas tienen hábitos muy parecidos. Por ejemplo, la presidenta de Starbucks, Michelle Gass, se levanta a las 4:30 de la mañana para ir a correr, y Ann Wintour, la editora de *Vogue,* está todos los días jugando tenis a las 6 de la mañana.

Ellen Ochoa, la primera astronauta latina, asegura que las oportunidades que ha tenido se las debe a la educación que tuvo. La colombiana Diana Trujillo, que lideró la misión Curiosity en la NASA, está convencida de que lo único que se necesita para lograr el sueño de trabajar en la NASA es "sacar buenas notas en la escuela, estudiar en la universidad. Si seguimos luchando por nuestros sueños de trabajar en programas espaciales, nada nos podrá detener".

Indra Nooyi, presidenta de la junta directiva de Pepsi, asegura que sigue con su mentalidad de inmigrante: "Piensa que te pueden quitar tu trabajo cualquier día, por eso hay que ganárselo a diario. Mantente firme durante la turbulencia. La turbulencia siempre es el principio de un proceso fructífero de transformación".

Elizabeth Gilbert, la autora de *Come, reza, ama (Eat, Pray and Love)* y *Libera tu magia (Big Magic),* tiene un consejo que me encanta: no conviertas tus bendiciones en maldiciones.

"Tomé esa decisión cuando el libro *Come, reza, ama* se convirtió en un fenómeno. Tienes muchos *emails,* muchas decisiones que tomar, mucho trabajo. Todos esos son problemas de abundancia. Los únicos problemas de verdad son las tragedias".

Una de mis amigas más queridas, la abogada de inmigración Jessica Domínguez, quien estoy segura que debe tener un alto grado de tensión en su vida, es para mí un ejemplo de cómo debemos prosperar los seres humanos. Jessica decidió hace un tiempo que lo principal, además de su familia, era cuidar su cuerpo y su salud. La última vez que cené con ella en Los Ángeles me sorprendió con un regalo que nadie me había dado y que ella bautizó como un "care package" (cosas para cuidarse).

De pronto, en medio de la cena, Jessica sacó una lonchera nueva repleta de jugos naturales, vitaminas, frutas y aceites relajantes y poco a poco me fue explicando los beneficios de cada uno mientras los sacaba y me los iba poniendo encima de la mesa.

Y me dio un gran consejo:

"Muy a menudo, como mujeres de hoy y por las responsabilidades que tenemos, vivimos con el síndrome de la Supermujer. Le damos lo mejor de nosotras a todo el mundo. A nuestra familia, profesión, amistades y hasta a gente que tal vez veremos solamente una vez en nuestras vidas. Aprendí que la ansiedad es mi peor enemigo. Porque el veneno mental trae consigo tentáculos invisibles que nos afectan corporalmente y que con los años se hacen evidentes en una salud que te deteriora y que afecta tu calidad de vida. Sufrir de ansiedad es evidencia de autosuficiencia, que en realidad quiere decir que no confiamos en Dios ni en su infinito poder.

"El caminar diariamente de su mano, el tener plenamente fe en él, es lo único que me ha ayudado espiritual y mentalmente a batallar, pelear, luchar contra ese gran enemigo que es la ansiedad. Nuestro cuerpo es nuestro templo y tenemos que cuidarlo".

Jessica tiene razón. La realidad es que en el camino que conduce a nuestros sueños nos encontraremos con muchos obstáculos, y uno de ellos puede ser la consecuencia del estrés que nos produce no verlos realizados. Ese estrés deja huella en nuestra salud. Por eso, el consejo de Jessica hay que tenerlo muy pendiente. De nada vale que tu cuerpo se desgaste por culpa de las presiones que tienes. Al contrario, debes cuidarlo y atenderlo lo mejor posible para que te ayude a realizar tus metas y después, con una salud óptima, puedas celebrar tus victorias.

Tengo amigos a quienes la presión les produce alergias, gastritis y hasta los he visto perder pelo. Yo, por ejemplo, combato la ansiedad comiendo lo que me pongan delante. El colesterol y los triglicéridos llegan de colados a todas mis fiestas de celebración y de preocupación.

Si algo tenemos que aprender es a querernos más, a cuidarnos más y, sobre todo, a valorarnos más.

Ya hoy a mis 50 años aprendí que se consigue más en la vida con una sonrisa que con un grito y que cuando trabajas para ti, y sin ningún otro interés que dar el máximo, es cuando conoces la verdadera libertad.

Aprendí a esperar menos para tener menos decepciones y frustraciones. Aprendí también que las decepciones y frustraciones son las maneras en que el universo me está desviando para que tome otra dirección que me permita perseguir mis sueños.

Aprendí que si no hubiera conocido la profunda tristeza nunca habría podido apreciar la felicidad.

Aprendí que nada ni nadie puede sabotear mi vida. Que mi pareja, como me enseñó Cristina, debe ser siempre el socio de mis sueños. Y yo de los suyos. Hoy llevo 25 años de casada con un hombre que me enseñó que en el amor, cuando es de verdad, no hay por qué sufrir.

Aprendí que tengo todo el derecho a celebrar mis victorias. Por muy chiquiticas que sean y aunque nadie las note. Porque la primera que tiene que enterarse que las tiene soy yo.

Aprendí que me merezco todo lo bueno que me pasa. Y que no tengo por qué sentirme culpable. También aprendí que no tengo por qué compararme con nadie.

Simplemente porque mis sueños son míos y son únicos. Pero también aprendí que debo aprender de los que saben y no dejarme amenazar ni amedrentar por los que no saben que no saben.

Y antes de despedirme de ti en este libro que no quisiera terminar nunca, te voy a dar un último consejo. Perdónate de una vez. Haz borrón y cuenta nueva.

No te quedes enganchado a tu pasado. Si hay algo seguro es que ya no va a regresar. Lo que has vivido hasta ahora, malo, regular o bueno, solo te servirá para tomar fuerzas, inspirarte y seguir adelante.

Lo que estás haciendo en este momento o lo que vayas a comenzar a hacer cuando termines de leer este libro, es el único presente que construirá tu futuro.

Hoy, cuando miro por el espejo retrovisor de mi vida, trato de estar en paz con mi pasado. Perdonar a los que me hicieron daño y asegurarme de pedir perdón a los que yo dañé.

Y, sobre todo, le agradezco profundamente a aquella niña miedosa que fui, por todos los sueños que colocó en secreto en mi corazón y por los que se atrevió a luchar.

Por los que un día decidió ser valiente.

Le agradezco todos los no que pronunció.

Y los sí que se atrevió a decir.

Le agradezco las veces que lloró desconsoladamente cuando se separaba de su familia. Y las veces que se secó las lágrimas y tuvo el valor de comenzar de nuevo.

Le agradezco que nunca haya perdido ni la ilusión ni la fuerza. Le agradezco que se mantenga viva e inocente dentro de mí y que se siga sorprendiendo con cada bendición explosiva que llega a mi vida, con cada persona inspiradora que conozco. Y que siempre me siga dando ánimo en cada reto que tengo que superar. Como recordándome que sigue viviendo en mí y que no puedo defraudarla.

Porque los sueños eran suyos...

Yo solo se los estoy haciendo realidad.

Porque yo me convertí en la mujer de sus sueños.

Y precisamente, mientras estoy escribiendo esta última parte del libro y me siento más cerca que nunca de esa niñita miedosa y soñadora, justo cuando estoy pensando en cómo despedirme de ella y agradecerle sus sueños, me pasa algo curioso e increíble.

De pronto, como una hermosa casualidad, una vieja amiga del colegio me manda la foto que su sobrina rescató de un anuario que creó a mano la madre superiora del colegio de donde nos graduamos en Cartagena.

Un anuario del que yo no recordaba nada o del que tal vez borré todo de mi memoria, a propósito.

Esa monja, de su puño y letra, escribió adjetivos que nos describían a cada una de nosotras al lado de una fotico en blanco y negro en la que todas, me imagino, decidimos mostrar nuestro mejor lado.

Al lado de mi foto, que más parece haber sido escrito con un puño que con una letra, dice:

"De muy buenos modales, prudente, delicada y ordenada".

Lo leí cuatro veces.

Lo repasé con la mirada a ver si de pronto era que yo no entendía esa caligrafía antigua de monjita delicada.

Lo releí con la esperanza de descubrir en mi descripción atributos que no fueran tan sosos.

Pero nada. En ese libro dice desde 1981 que yo soy prudente, ordenada, que tengo buenos modales y que soy delicada.

Como si estuvieran describiendo un desodorante.

Eso sí, un desodorante con buenos modales.

Al lado de las fotos de mis compañeras, en cambio, había adjetivos mucho más parecidos a los que conducen al éxito.

De una decía: "Inquieta, de inteligencia práctica".

De otra: "Muy buena capacidad intelectual".

Y "muy culta" decía de otra.

Y yo delicada y prudente como un desodorante.

Yo no era creativa.

Ni inteligente.

Ni graciosa.

Ni generosa.

Ni inquieta.

Ni astuta.

Ni tenía capacidades de liderazgo.

Ni siquiera era soñadora, lo que me hubiera dado licencia para ser culta, de inteligencia práctica o lo que me hubiera dado la gana.

Yo seguramente era tan, pero tan prudente, que decidí esconder mis cualidades.

Pero así me veía aquella monjita inteligente, culta, generosa y muy despistada porque, todo hay que decirlo, yo nunca en mi vida he sido ordenada. En este punto a veces dudo si somos como creemos que somos o como nos perciben los demás.

Lo que sí tengo claro es que hoy nadie, absolutamente nadie, me describiría así. No importa ni cómo te vean ni lo que piensen de ti. Tú sigue luchando por lo que crees que será posible. Te advierto desde aquí que en esos momentos de tristeza, de turbulencia, de disgustos, de injusticias, cuando sientas que todo se te viene abajo, sentirás que te rodea una vibra negativa.

No te asustes.

Cuando te rodee esa oscuridad, tu luz interior siempre hará brillar el camino.

Ese será el momento en que te tocará sacar todo lo que has aprendido para aplicarlo.

La paz de tu alma será la confirmación de que lo lograste.

Recuérdalo siempre: los sueños son solo tuyos.

No dejes que nadie les quite importancia o los minimice y mucho menos permitas que te los destruyan. Nadie te podrá quitar ese momento en que tu alma y tú se ponen de acuerdo para soñar.

Es tu momento para imaginar tu realidad deseada.

La determinación y la voluntad se encargarán de que un día, frente a tus ojos, esa idea que dio tantas vueltas en tu cabeza, a veces disfrazada de ilusión y otras veces escondiéndosele al miedo, se convierta en tu gran éxito. En tu maravillosa realidad.

Y entonces así, un día, despertarás convertida en la mujer de tus sueños.

SÚBELO A LAS REDES

"Hay que reconciliarse con el pasado
para disfrutar más el presente".

"No te quedes enganchado en tu pasado.
Si hay algo seguro es que ya no va a regresar".

"El éxito es un regalo del universo que se manifestará
en tu vida de muchas maneras, pero la única forma
de disfrutarlo a plenitud es cuando limpias el corazón
de rencores y la mente de toxinas".

"La vida da muchas vueltas, y en esos recorridos
curiosos que planea Dios, el destino siempre se
va a encargar de buscar la manera de ponerte en paz
con tu pasado".

"Cuando te rodee la oscuridad tu luz
interior siempre hará brillar el camino.
Ese será el momento en que te tocará sacar
todo lo que has aprendido para aplicarlo.
La paz de tu alma será la confirmación
de que lo lograste".

"Nadie te podrá quitar ese momento en que tu alma
y tú se ponen de acuerdo para soñar".

"Recuérdalo siempre: los sueños son solo tuyos.
No dejes que nadie les quite importancia".

"La determinación y la voluntad se encargarán
de que un día, frente a tus ojos, esa idea que dio tantas
vueltas en tu cabeza, a veces disfrazada de ilusión
y otras veces escondiéndosele al miedo,
se convierta en tu gran éxito".

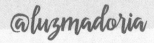

¡GRACIAS!

CRISTINA SARALEGUI, porque una vida no es suficiente para agradecerte todo lo que me enseñaste y por eso lo dejé aquí por escrito, para que quedara constancia. Y gracias también a ti y a MARCOS por regresar para siempre.

ALEYSO BRIDGER, porque creíste en este libro y me hiciste soñar con él sin haberlo siquiera empezado a escribir.

RITA JARAMILLO, porque regresaste a mi vida entrenada para convertir en éxito todo lo que tocas.

SILVIA MATUTE, porque el sí que le diste a mi sueño fue la varita mágica que lo hizo realidad.

MÓNICA DELGADO, por enamorarte de este libro sin haberlo leído.

JORGE RAMOS, que tú seas parte de este libro es la confirmación de que los sueños se cumplen. Gracias por prestarle a *La mujer de mis sueños*, ese corazón generoso del periodista más valiente.

CÉSAR LOZANO, ¡porque tenerte en mi WhatsAap ya era un privilegio!

ISMAEL CALA, porque cada vez que me siento contigo aprendo a vivir más feliz.

FERNÁN MARTÍNEZ, por ser mi primer amigo, conseguirme mi primer trabajo y escribir mi primer prólogo (y por regalarme a PAOLA GUTIÉRREZ como hermana).

SOFÍA VERGARA, por inspirarme desde que soñabas con convertirte en lo que eres hoy. Porque al atreverte tú, permitiste que otros lo vieran posible.

LUIS BALAGUER Y MELISSA, por estar en todos los momentos importantes de mi vida y hacerme reír de los que no eran tan importantes.

ALBERTO CIURANA, porque con ese "¡Adelante!" me llenaste de confianza el corazón y el cerebro.

EMILIO ESTEFAN, si en el mundo se hiciera la conga de agradecimiento, la tuya sería la más larga porque todos iríamos pegados a ella. Gracias por ser durante 30 años el mismo ser generoso, cariñoso, grande y sencillo.

RONALD DAY, porque tu gran fuerza y estrategia como jefe solo es comparable con tu inmensa bondad como amigo.

ALEXIS NÚÑEZ, porque tus consejos merecen otro libro.

MARÍA ANTONIETA COLLINS, porque llevas 20 años enseñándome cómo una dama, con zapatos Valentino o botas empantanadas, se reinventa en cuerpo y alma siempre con éxito.

BECKY VILLAESCUSA, porque tu fortaleza es tan grande que es uno de los pilares que sostiene este libro.

VERA CASTILLO Y JESSICA BENÍTEZ, por aquel escándalo que formamos juntas.

PATSY LORIS, porque tú le das significado a la excelencia y el día que aceptaste compartir tu historia inspiradora de éxito me diste la mejor noticia.

CRISTY MARRERO, porque eres una fuerza generosa y brillante de la naturaleza.

JESSICA DOMÍNGUEZ, porque me has demostrado que el verdadero poder está en lo que podemos hacer por los demás.

VÍCTOR SANTIAGO, porque con tu continua preguntadera y tu creatividad me haces reevaluar constantemente mi misión de vida. Ahhh, ¡y por regalarme a Oprah!

AURA SUBUYUJ, porque la historia de tu vida la deberían enseñar en las universidades.

A las cuatro mejores asistentes del mundo: LESLIE CANEDO (q.e.p.d.), SONIA ALBARRACÍN, MARÍA ELENA CURBELO Y SUPERINÉS MARROU, porque ustedes han hecho lucir todo mejor, más bonito y más fácil.

TOPACIO, MOISÉS, YAIRA, SANDY Y CARLA, mis amigos de redes que siempre me recuerdan el verdadero valor de ser mentora.

JESSICA RODRÍGUEZ, por invitarme a formar parte del Univision's Women's Leadership Council sin imaginarte que con tu generosidad estabas abriéndole la puerta a este libro.

UNIVISION'S WOMEN'S LEADERSHIP COUNCIL, por empoderarme, inspirarme y contagiarme de su hermosa hermandad. *La mujer de mis sueños* es cada una de ustedes.

Conchi Alfonso, porque tus consejos siempre me quitan los miedos.

Sandra Smester, por regalarme uno de tus lemas: "Enfoque. Fortaleza. Conocimiento sin dejar fuera la bondad y la gratitud". #Fearless. Gracias Sandra por apoyarme, impulsarme, y recordarme como se gana el respeto.

A los jefes de toda mi vida: Cristina, Yoly Arocha, Tony Oquendo, Ray Rodríguez, Alina Falcón, Cesar Conde, Bert Medina, Randy Falco, Luis Fernández, Germán Pérez Nahim, Alberto Ciurana, Vanessa Pombo, Solangelee Molina, Mauro Castillejos y Sandra Smester. Los llevo en mi corazón.

Charytín, Felipe, Marissa, Lila, Maity y Mayra y todo mi equipo de *Escándalo TV*, por aquellos 10 años tan divertidos que a nadie se le han podido olvidar.

Luis Suárez (q.e.p.d), por regalarme tu talento para que yo brillara.

A mi equipo de *La tijera*: **Linnet, Karina, Tanya, Orlando, Anabelle, Juan Manuel, Carolina y Raúl** y a sus hermanos menores Los Lengüilargos, **Vero, Lucho y Masjuan**, por divertirme con sus historias.

Y al de *Cristina, la revista*, **Melissa, Ossi, Wanda, Sonia, Rita, Lourdes, Christian, Orietta, Josefina, Marilyn, Vivi, Janeth, Marigo**, por enseñarme a ser jefa.

Teresita Fuster, por despertarme aquella mañana sin saber que con esa llamada yo empezaba a convertirme en *La mujer de mis sueños*.

Niche y Mago, porque sé que han gozado este libro más que yo.

Maria Elena Trujillo y Ángela Villa, porque sus almas generosas siempre me inspiran.

Gio Alma, porque ves a una Luzma mejor de lo que es y porque a veces pienso que esa es la que debería ser.

Franz Muñoz, porque siempre me haces reír cinco minutos antes de los momentos en que sabes que tengo más miedo.

Linnet Martinez, por ser mi primera lectora. Tú has escrito la palabra lealtad en mi corazón.

Paola Gutierrez, por ser la primera en comprar este sueño y por inspirarme con esa pasión infinita por todo lo que haces.

Lourdes Román, porque no hay mejor sicóloga que tú.

ARMANDO CORREA, porque le diste a mi mamá la felicidad de verme en una de tus prestigiosas listas. Eso nunca lo olvidaré.

FABRIZIO ALCOBE, por tener siempre la palabra correcta.

TOPACIO CRISTINA, por ser el alma más generosa (¡y pilosa!) de Twitter.

MÓNICA TALAN, por siempre inspirarme.

BUSTY, mi amiga de kínder, porque hoy, muchos años después y con tu memoria prodigiosa, me haces sentir que seguimos siendo las mismas.

A TODO MI EQUIPO CAMPEÓN DE *DESPIERTA AMÉRICA*, por el privilegio de madrugar junto a ustedes: que en un mismo grupo de almas coincidan el talento, la pasión, el profesionalismo y la generosidad es un regalo del Universo.

KARLA MARTÍNEZ, ALAN TACHER, SATCHA PRETTO, ANA PATRICIA GÁMEZ, FRANCISCA LACHAPELLE, JOHNNY LOZADA, ALEJANDRO CHABAN, WILLIAM VALDES: gracias por llenarme de orgullo cada mañana. Cada una de sus historias me ha servido para luchar por mis sueños.

BEBO, por ser el socio de mi amor y mi felicidad, y por leer y releer este libro, y descubrir en él errores y horrores que nadie leerá (afortunadamente).

DOMINIQUE, por ser mi maestra de vida. Porque me permitiste reconocer el amor más grande. Porque soñé toda una vida con ser tu mamá.

MAMI, porque sin ti no habría nada de esto. Mi primer gran éxito ha sido tenerte como mamá.

Y a mis ángeles del cielo: gracias PAPI, MAMÁ TINA, PAPÁ ERNESTO, TATATI por todo el amor que me dejaron. Ustedes nunca se han ido.

Y A TI, que tienes mi sueño en tus manos, gracias por permitirme hacer realidad el tuyo. Así que cierra este libro y empieza ya mismo a luchar por él.

Mi lista de sueños que haré realidad

Luz María Doria es una de las más influyentes ejecutivas de la televisión hispana en Estados Unidos. Periodista y productora con 30 años de experiencia, actualmente se desempeña como vicepresidenta y productora ejecutiva del programa diario matutino *Despierta América* de la cadena Univision.

Nacida en Cartagena, Colombia, Luz María inició su carrera como reportera en Editorial Televisa, en las revistas *Cosmopolitan* y *TVyNovelas USA*, llegando a ser directora de *Cristina, la revista*, de Cristina Saralegui con quien además colaboró en su programa televisivo y radial.

Fue directora de Entretenimiento de la cadena TeleFutura (de Univision), donde supervisaba dos programas diarios: *Escándalo TV* y *La tijera*.

Además de sus obligaciones con *Despierta América*, Luz María publica una columna mensual en la revista *Siempre mujer*. En 2009 fue nombrada una de las 25 mujeres más poderosas en *People en español* y ha sido nominada a tres premios Emmy.

📷 luzmadoria
🐦 @luzmadoria
🌐 luzmariadoria.com
✉ luzmariadoria@gmail.com